Brittany Nightshade

Nightshade Apothecary Publishing

Copyright © 2022 Brittany Nightshade

Magia Negra: Libro de Hechizos de Poder, Amor y Destrucción

Todos los derechos reservados. Este libro o cualquier parte del mismo no puede ser reproducido o utilizado de ninguna manera sin el permiso expreso por escrito del editor, excepto para el uso de citas breves en una reseña del libro.

Índice

Prefacio: 8

Hechizos, rituales e intenciones 12

Etiqueta ritual básica 16

Crear un círculo 16

Cuartos de llamada y elementos 19

Ritual de invocación de círculos elementales 21

Invocación de Hécate 22

Invocación de Nyx, Diosa de la Noche 26

Invocación de Lyssa, Diosa de la Furia 28

Limpieza/carga de una varita nueva 30

Magia protectora 31

Limpieza con Salvia (Smudging) 31

Protección del hogar Encantamiento de cristales 33

Hechizo de protección 34

Runa de protección 35

Poción de protección 36

Botella de bruja (Protección/eliminación de maleficios) 37

Ritual de deshacer 38

Hechizo de destierro 39

Tarro de protección 41

Hechizo de protección del pentáculo 42

Piedra de protección 43

Rituales Herramientas 44

Agua de luna 44

Fases de la Luna 46

Agua de mar...48

Sal negra...49

Polvo de Goofer 50

Tarros 50

Magia negra 52

Círculo de sombras 53

Bolsita Sueño de Pesadilla 54

Eliminar el mal de un objeto.................................55

Rastreo de pies Maldición vudú 57

Hechizo de clarividencia 58

Maldición de la perversión 59

Tarro agrio...61

Flecha hexagonal 63

Maldición de las flechas..64

Effigy Poppet Curse..65

Escalera de brujas mortal 67

Anillo de Poder Encantado 68

Tarro de miel..70

Maldición de la manzana podrida 71

Un hechizo de seducción 72

Hechizo de amor inverso (Deshacer).....................73

La maldición ardiente de la desgracia 74

Atracción Poppet 76

Hechizo de la vela de adoración 77

Tarro de pesadilla 79

Ritual de la Segunda Vista, Tercer Ojo 80

Piedra del dolor 81

Piedra de Jinxing... 82

Maldición del limón 82

Poppet Maldición del dolor leve 82

Encuadernación por miedo 83

Hechizo de infertilidad 85

Ritual de la impotencia masculina 86

Encantamiento del mal de ojo 87

Los huesos de la ira 88

Succubae's Lament (Invasión del sueño) 89

Convocar una tormenta 90

Prosperidad financiera 92

Tres noches de infierno.. 93

Ayudar a ganar un juicio... 94

Ritual de la culpa 98

Amor truncado 99

Discordia y oscuridad 101

La maldición de la calvicie 102

Corazones destrozados Parte 1 104

Corazones destrozados Parte 2.................................. 104

Muñeca del Dolor 105

El maleficio de Carman.. 107

Vanidad y locura.. 107

Pentáculo de pimienta 109

Congelado en el tiempo 110

Hechizo del tarro "Devolver al remitente................ 111

Ritual del Cristal de Absorción de Poder 113

Ruina financiera 114

Cosecha fallida (sal de la tierra)............................... 116

Haz callar a tus enemigos 117

La mirada de la ansiedad 119

Hechizo de la verdad... 120

Piedra bruja de la clarividencia............................... 122

Maldición de Obsidiana 123

Las Runas Futhark... 124

Lanzamiento de runas.. 126

Método de las Tres Norns.. 126

FEHU... 128

ÜRUZ 129

THURISAZ 130

ANSUZ 131

RAIDHO 133

KENAZ... 135

GEBO 136

WUNJO.. 137

HAGALAZ... 138

NAUTHIZ.. 140

ISA 141

JERA.. 142

EIHWAZ 144

PERTHRO 145

ALGIZ 146

SOWILO 147

TIWAZ 149

BERKANO 150

EHWAZ 151

MANNAZ 153

Laguz 154

INGWAZ 155

DAGAZ 157

OTHALA 158

Notas **160**

Para terminar 165

Prefacio:

¡Hola a todos! Me llamo Brittany Nightshade y llevo muchos años estudiando brujería y tradición pagana. Durante mi viaje he mantenido un registro de los rituales que he aprendido y creado en un libro personal de sombras. He tomado partes de ese libro para crear una colección de magia oscura para cualquiera que esté interesado en lo que he aprendido.

Este libro tiene un amplio surtido de hechizos mágicos, rituales e información para practicantes de cualquier nivel. También hay una sección sobre adivinación con una guía de las Runas Futhark, estas runas son geniales para la adivinación y pueden ser incorporadas en tus propios hechizos y rituales.

Ya sea que utilices estos hechizos para crear tus propios rituales o los utilices tal cual, recuerda que el poder está dentro de ti. No hay ningún requisito para utilizar recetas exactas y de mi experiencia cuando se personaliza un hechizo sólo lo hace más fuerte, ya que es todo acerca de ser capaz de concentrarse y establecer sus intenciones.

Aunque no hay una asignación concreta de color a ciertos hechizos, los practicantes se referirán típicamente a un hechizo como negro u oscuro si el lanzador está influyendo en la voluntad de otro o dañando a alguien. Algunos se niegan a trabajar con cualquier magia que haga esto porque creen que la fuerza regresará triplicada. Nunca he experimentado este retroceso y cualquier evidencia que he visto de ello ha sido anecdótica. La creencia tiene sus raíces en una práctica de principios del siglo XX llamada Wicca Gardneriana. Si estás interesado en aprender más sobre la historia de la Wicca y la brujería en general, echa un vistazo a mi libro *The Craft: Beginners Book of Witchcraft.*

Aunque esa es mi experiencia, no negaré que si vas más allá de tus límites puede haber consecuencias nefastas. El agotamiento es común debido a las altas energías emocionales necesarias para la manifestación, pero nunca he oído hablar de nadie que muera o resulte gravemente herido como resultado directo. He llegado a creer que cualquier consecuencia negativa es probablemente debida a una dirección incorrecta de tus intenciones, así que en lugar de lanzar hacia tu objetivo deseado, la energía permanece con el lanzador o con un objetivo no deseado. Esto significa que los males causados por el hechizo les afectan hasta que sean limpiados. Es imperativo que mantengas un enfoque preciso durante la manifestación. Tus herramientas rituales, círculo, dioses/diosas, y el ritual en sí mismo pueden ayudarte a establecer y mantener adecuadamente tu intención.

Por estas razones los hechizos de magia negra pueden ser potencialmente peligrosos para los inexpertos y siempre debes lanzar un hechizo de protección y un círculo. Si algo sale mal, toma un baño de agua salada, una limpieza con sahumerios o una ducha y límpiate con un exfoliante de sal mientras pides a tu deidad protección contra cualquier fuerza que hayas atraído sobre ti. Si crees que tu hechizo puede haber afectado negativamente a otra persona que no era tu intención es importante hacer un Ritual de Deshacer que también se puede encontrar en este libro.

Sea cual sea tu opinión sobre la "Magia Negra", creo que el contexto es más importante que nada. En mi opinión, las maldiciones, los maleficios y otras formas de hechicería son

9

simplemente herramientas, herramientas que pueden utilizarse para el bien o para el mal y eso es una cuestión de opinión subjetiva. Creo que es importante aprender sobre todos los tipos de magia, tanto si crees que podrías usarlos como si no, el conocimiento es poder, y una bruja poderosa es una bruja que está preparada para cualquier cosa con todas las herramientas disponibles a su alcance.

-Brittany Nightshade

Le deseo mucha suerte en todos sus proyectos mágicos.

-Brittany Nightshade

Hechizos, rituales e intenciones

Lo primero que viene a la mente de muchas personas cuando oyen la palabra "bruja" es magia. Por desgracia, la mayoría de la gente está mal informada de lo que es la magia en relación con la brujería.

Las ideas erróneas que han plagado la historia insinúan que las brujas tienen la capacidad de transmutar a los humanos en animales, cambiar de forma, controlar el fuego y los rayos con la mente, desaparecer y reaparecer a voluntad, levitar y cualquier otro tropo de Hollywood que se pueda imaginar. Aunque esto puede resultar entretenido y a veces avivar temores que se remontan a miles de años atrás, la realidad es mucho más realista y pragmática.

La magia de una bruja es más parecida a lo que la mayoría llamaría "oración". Puede resultar chocante que muchas brujas también se refieran a su trabajo ritual como oración. Después de todo, ¿qué es una oración, sino un ritual que se hace con el objetivo de trabajar con una deidad o el cosmos para lograr un resultado deseado?

Las brujas utilizan la magia para conseguir muchas cosas. La magia puede proteger, embrujar, influir, aumentar la confianza e imbuir energías en amuletos, talismanes y otros objetos mundanos. Puede alterar los hilos del destino y utilizarse para honrar y venerar a nuestros dioses, diosas, antepasados y otras muchas facetas de la naturaleza.

Hay que decir que los rituales y los hechizos no son necesariamente lo mismo. Los hechizos suelen implicar algún tipo de ritual, pero los rituales no siempre implican hechizos. Hechizos mágicos se hacen para lograr un resultado, como la curación de desamor o atar a una persona abusiva. Logramos estos resultados a través de la meditación y la dirección de nuestras intenciones para afectar el mundo que nos rodea. Para ayudar en la dirección adecuada y la canalización de nuestra intención y las energías que generalmente emplean el trabajo ritual.

Sin embargo, el trabajo ritual no siempre tiene que implicar tratar de recibir o afectar algo. También utilizamos los rituales para honrar y estar en comunión con nuestras deidades o con la propia naturaleza, dependiendo del camino que elijas. Esto es esencial para la mayoría de las brujas, ya que establecen vínculos con sus dioses y diosas y crecen en poder a través de su fe y dedicación.

Un hechizo de brujería puede pronunciarse sobre un caldero hirviendo, como se ve en las películas, pero es más probable que la brujería implique una ceremonia que puede realizarse en la naturaleza, en el altar casero de la bruja, en su cocina o en un aquelarre. El lugar que mejor funcione para ti es el que te permita lograr la máxima concentración y conexión con el mundo de los espíritus.

Los hechizos pueden lanzarse para afectar al lanzador, a otras personas o para influir en las energías con el fin de provocar algún tipo de cambio y pueden ser beneficiosos o perjudiciales. Los hechizos de naturaleza positiva suelen denominarse bendiciones o magia blanca, mientras que los hechizos negativos suelen llamarse maleficios o maldiciones. Los hechizos también se pueden utilizar para evitar que algo suceda, estos se llaman hechizos vinculantes y pueden ser positivos o negativos en la naturaleza dependiendo de la intención.

La clasificación de ciertas magias como blanca, negra, positiva, negativa, gris, etc., es objeto de acalorados debates en la comunidad wiccana en general. Muchos argumentan que la intención del practicante es lo que da a un hechizo o ritual su designación, mientras que muchos otros argumentan que la magia es magia, y no debemos tratar de poner el trabajo ritual en cajas. La mayoría de los wiccanos tradicionales adoptan un enfoque de no tolerancia hacia cualquier magia que afecte o influya en la voluntad de otro y la consideran una violación de la rede wiccana. Por otro lado, muchas brujas Eclécticas creen que debes mirar cada situación caso por caso para determinar si el hechizo está justificado. Usted puede tener su propia manera de determinar esto y la moralidad es subjetiva. Yo elijo consultar con Las Norns, las Diosas Nórdicas del Destino, antes de ponerme a hacer cualquier cambio en el mundo con mi trabajo ritual y consulto regularmente con Hécate sobre asuntos cotidianos y de autodesarrollo, lo hago a través de la oración meditativa y la adivinación.

Un ritual suele tener una fórmula que el practicante ha elaborado o recibido de otra bruja o de su aquelarre. Es bastante común, y muchos han argumentado que beneficioso, adaptar un ritual para que se ajuste a tus necesidades. Los hechizos pueden incluir conjuros, imágenes, runas, velas y otras herramientas mágicas. Se suelen hacer ofrendas al dios o diosa del practicante como parte de una ceremonia ritual de reverencia.

Hay muchos métodos para lanzar hechizos. Puedes inscribir runas o sigilos en un objeto, como un anillo o un collar, para conferirle determinadas propiedades. Puedes quemar la foto de una persona que te interesa como parte del ritual de un hechizo de amor. Incluso puedes preparar una poción para usarla en el baño y ser más carismático. Existen innumerables maneras de elaborar un hechizo. La parte más importante es que sientas una conexión con lo que estás haciendo, porque ese es el secreto del éxito en la elaboración de hechizos. La incertidumbre y la duda son generalmente la razón del fracaso de un hechizo, la confianza es la clave, saber que los detalles no son tan importantes como dirigir tus energías a donde tienen que ir a través de la visualización y la manifestación.

El trabajo ritual y el lanzamiento de hechizos no tienen por qué ser complicados. Un ritual puede ser tan sencillo como encender una vela o incienso mientras piensas en la seguridad y protección de tu familia o, en el caso de la magia negra, en la caída de tus enemigos. Para los hechizos cotidianos, como las bendiciones, la autoayuda, los pensamientos positivos y el envío de energías curativas útiles a los demás, no es necesario emprender la engorrosa tarea de un ritual de círculo completo. Aunque estas complejidades pueden ser útiles para los principiantes como ayuda para la concentración y la inmersión. Para honrar a tus antepasados, puedes simplemente colocarles un lugar en la mesa con ofrendas de comida y vino. Antes de acostarte, puedes hablar con tu diosa y darle las gracias por todas las bendiciones que concede a tu vida. Simplemente haz lo que te haga sentir bien y lo que creas que es la mejor forma de rendir culto y establecer una conexión con el mundo mágico.

Etiqueta ritual básica

Si bien es cierto que se puede elaborar un ritual de cualquier manera que usted elija y una vez que adquiera más experiencia, usted querrá adaptar los rituales para satisfacer sus necesidades exactas hay preparaciones rituales tradicionales que es posible que desee aprender e incluir en sus rituales, tales como la fundición de un círculo y llamar a los cuartos, si bien esto no es absolutamente necesario para tener un éxito de fundición lo recomiendo encarecidamente, ya que pueden mejorar en gran medida el enfoque y establecer el estado de ánimo por así decirlo para efectuar el trabajo ritual. También puedes invocar a dioses o diosas como Hécate, la madre de las brujas, para que te ayuden en tus esfuerzos. La parte más importante del trabajo ritual es preparar un lugar seguro libre de distracciones para que puedas centrar tus intenciones, una gran manera de hacerlo es con estas siguientes meditaciones y rituales.

Crear un círculo

Las brujas pueden hacer un círculo para preparar un espacio mágico y sagrado para meditar, lanzar un hechizo o realizar un ritual. Los círculos son en realidad esferas que se utilizan como un tipo de aislamiento de energías no deseadas que podrían afectar al hechizo, ritual o meditación. Esto ayuda a prevenir el desvío de la intención durante el trabajo de hechizo o la interrupción de la transferencia de energía. Los círculos no son necesarios, pero en mi opinión, pueden ayudar mucho en la concentración.

Se puede crear un círculo simplemente extendiendo el dedo, la varita, el athame o el bastón y girando 360 grados en el sentido de las agujas del reloj. El círculo puede cerrarse después haciendo lo mismo pero a la inversa (en el sentido contrario a las agujas del reloj) o cortando el límite del círculo con el athame, la varita o la mano. Ésta es una forma fácil y eficaz de lanzar un círculo, pero también puedes incorporar una invocación o ritual de tu propia cosecha. No importa cómo hagas tu círculo; la clave es tener fe en lo que estás haciendo para que puedas utilizar eficazmente tu energía para crear la barrera.

Un método popular para crear un círculo consiste en incorporar los elementos y los puntos cardinales a la invocación. Por ejemplo, puedes colocar un objeto que represente a cada elemento en cada dirección a la que apuntes mientras formes el círculo o invocar a los guardianes y a los propios elementos. Los siguientes son ejemplos de lo que se podría utilizar para representar cada elemento, pero puedes utilizar cualquier cosa que asocies personalmente con el elemento.

Aire/Este: espada, athame, varita, plumas, campanas, cintas, as de espadas Tarot.

Fuego/Sur: velas, espinas, varitas y otros objetos fálicos, dragones, cerillas, aspecto masculino, Tarot As de Bastos.

Agua/Occidente: cáliz, copa, conchas marinas, bola de cristal, anj, espejo, agua/vino, aspecto femenino, As de Copas Tarot.

Tierra/Norte: pentáculo, altar, metales, monedas, flores/hierbas, tierra, arena, sal, frutos secos y semillas, Tarot As de Pentáculos.

Cuartos de llamada y elementos

En brujería, los Cuartos se refieren a los elementos de la naturaleza. Estos elementos son fuerzas veneradas por muchos paganos. Se les puede llamar de otra manera, pero normalmente se les conoce como elementos, elementales, atalayas, esquinas o cuartos. Estos diferentes términos pueden tener significados ligeramente diferentes dependiendo del practicante, pero todos tienen un papel similar en la brujería.

El pentáculo representa los cuatro elementos. Lo divino, o el practicante, es la punta superior del pentáculo, con los cuatro elementos formando las puntas laterales. Esto representa cómo el practicante, o lo divino dentro del practicante, guía y actúa como un conducto para las fuerzas elementales. Esta es la interpretación más común, aunque los puntos de vista pueden diferir de una bruja a otra, pero como regla general la mayoría de las brujas incorporan los elementos en sus rituales de una forma u otra.

Las cuatro esquinas hacen referencia a los puntos cardinales de la brújula: norte, sur, este y oeste. También pueden referirse a los cuatro elementos clásicos: agua, tierra, fuego y aire. Un quinto elemento que suele incluirse en algunas tradiciones orientales es "El Vacío", o aquello que no podemos ver. La mayoría de las tradiciones occidentales consideran que el yo, o el espíritu, es el quinto.

Muchas técnicas se derivan de distintas tradiciones y un brujo puede probar distintas cosas o adaptar y crear sus propios rituales hasta que encuentre algo que le funcione. La tradición de la brujería se extiende a través de muchas culturas diferentes y es una creencia viva en constante evolución, razón por la cual encontrarás tanta variación en la práctica.

Muchas brujas hacen uso de los elementos, viéndolos como energías interconectadas que conforman todo lo que vemos y experimentamos. Los practicantes suelen llamar a los Guardianes de las Atalayas para que mantengan las energías estables y no las afecten mientras canalizan. A medida que desarrolles tus poderes, es probable que tengas tu propia forma de canalizar los elementos. En la siguiente sección repasaré diferentes métodos que podrías utilizar y adaptar para lanzar tu propio círculo.

Ritual de invocación de círculos elementales

Prepare la zona en la que desea lanzar su círculo, puede colocar objetos que representen los elementos en su dirección cardinal correspondiente. Con tu varita u otra herramienta en la mano dominante apunta hacia el lado este del círculo y di lo siguiente:

"Invoco al Guardián del Este, Elemento del Aire, para que vigile este espacio sagrado".

Visualiza al Guardián apareciendo en el este, haz una reverencia para reconocer al Guardián y gira hacia el sur. Con la mano extendida di lo siguiente:

"Invoco al Guardián del Sur, Elemento del Fuego, para que vigile este espacio sagrado".

Visualiza al Guardián, haz una reverencia de reconocimiento y gira hacia el oeste. Con la mano extendida di lo siguiente:

"Invoco al Guardián del Oeste, Elemento del Agua, para que vigile este espacio sagrado".

Cuando visualices la llegada del Guardián, haz una reverencia de respeto y gira hacia el norte. Con el brazo aún extendido, di lo siguiente:

"Invoco al Guardián del Norte, Elemento de la Tierra, para que vele por este espacio sagrado".

Levante la mano y diga lo siguiente:

"Invoco al espíritu para que proteja este espacio, como yo lo haré, el círculo está echado".

Invocación de Hécate

Ritual de devoción y dedicación

Hécate es la madre de todas las brujas y la diosa griega de la brujería, la magia y el mar. Posee las llaves del inframundo y puede tanto proteger de los espíritus del inframundo como enviarlos al ataque. Se la conoce como una diosa liminal, lo que significa que cruza libremente entre los reinos de la Tierra, el Cielo y el Hades, y puede atravesar el velo que separa los tres. Hécate es conocida como la Diosa de la Triple Luna y tiene dominio sobre la Tierra, el Cielo y el Mar, y ejerce un poder inconmensurable como hija de Titanes y diosa matrona de las brujas.

Si consigues su favor, te protegerá de los injustos y te aportará creatividad, sabiduría y orientación. Ella es la oscuridad. Lo es todo. A medida que desarrolles una relación con ella, descubrirás que el conocimiento y la sabiduría necesarios para hacer surgir la luz residen en los misterios y las bendiciones de la oscuridad.

Es útil estar en estado de meditación cuando se la llama, pero no es necesario. Yo encuentro que mi conexión con ella es más fuerte por la noche. Como ella representa todas las fases de la luna, no tiene por qué ser en un momento determinado del mes, pero la luna nueva es ideal. Te ayudaría incorporar uno o más de sus símbolos. Por ejemplo, algunos de los símbolos de Hécate son la luna, las llaves, el negro, la plata, la oscuridad, las encrucijadas, el número tres y los perros. Hay muchos más y deberías aprender sobre cada uno individualmente y por qué la representan, ya que eso fortalecerá tu conexión y comprensión de ella. Coloca estos objetos en tu altar o sostenlos durante la invocación.

Concéntrate en el símbolo y en lo que representa, abre tu mente y estate dispuesto a aceptar sus energías. Si es posible, enciende una vela negra. Coloca ofrendas como vino, comida o incienso en tu altar o espacio ritual. Las ofrendas más comunes a Hécate son miel, pescado, ajo, huevos y vino. Siempre debes hacer ofrendas para mostrar tu agradecimiento y dedicación cuando trabajes con Hécate. Las ofrendas pueden colocarse simplemente en tu altar o espacio de trabajo, y puedes hacer con ellas lo que desees una vez concluido el ritual, aunque a algunas personas les gusta dejar el vino en sus altares hasta que parte del líquido se haya evaporado.

La siguiente oración es una invocación que he creado para invocar a Hécate y dedicarse a su camino. Puedes utilizar mi ritual o desarrollar tu propio ritual devocional, igual que puedes hacer con cualquiera de las invocaciones de este libro.

Despeja tus pensamientos y deja que la imagen llene tu mente, luego empieza a relajarte. Concéntrate en que tu energía conecte con la oscuridad, siente cómo tus energías se alinean con las de ella y di lo siguiente:

23

"Hécate, Madre de la Oscuridad, ¡te invoco!

Respondo a tu llamada y estoy dispuesta a dedicarme a tu camino.

Diosa de la Noche, ¡protégeme con tu poder arcano!

Concédeme la vista para ver a través del velo y alcanzar la sabiduría que concedes.

¡Doncella de umbrales y encrucijadas rodéame en tus tinieblas para que pueda hacer brotar mi luz!

¡Madre Oscura! ¡Juro mi lealtad!

¡Te honro ahora y siempre! ¡Por el poder de la Triple Luna!

¡Salve Hécate! ¡Salve Hécate! ¡Salve Hécate! "

A medida que se desarrolle tu relación con Hécate, encontrarás tu propia forma de adorarla y comunicarte con ella. Cada relación es diferente y profundamente personal. Puede ser exigente, pero nunca te culpará ni te castigará por tus defectos, así que nunca dudes en buscarla y deja que su antorcha te guíe a través de cualquier confusión a la que puedas enfrentarte. Reza y comunícate con Hécate con regularidad. Yo suelo celebrar un ritual en luna nueva y le doy las gracias y le hago ofrendas a diario. Aprecia el vínculo que tienes con ella ya que su gracia será una bendición que te protegerá y guiará a través del vacío.

"Hécate, diosa liminal de la brujería"

Invocación de Nyx, Diosa de la Noche

Nyx es la Diosa primordial de la Noche. Es hija del Caos y ha estado aquí desde el principio de los tiempos. Se dice que incluso el poderoso Zeus la temía. Este ritual pretende crear un vínculo con esta antigua diosa de insondable poder.

Necesitarás:

Aceite de bendición

Altar

Luna llena dibujada en la cubierta de un altar

Salvia

Hierba dulce

Pétalos de rosa roja

1 vela roja

1 vela azul

1 vela violeta

1 vela negra

1 vela blanca

Difumina el altar, las velas y a ti mismo con la salvia. Coloca la salvia en el altar (utiliza un recipiente o plato ignífugo para la salvia). Unge las velas con el aceite y colócalas sobre el altar con el negro al norte, el blanco al este, el rojo al sur y el azul al oeste con el morado en el centro. Enciéndelas en este orden: negro, blanco, rojo, azul, morado.

Di lo siguiente:

"¡Nyx, gran Diosa de la Noche!
Amante de Erebus, madre de Moros, Thanatos, Hypnos,
Charon, Nemesis y las Parcas, te pido que aceptes mi lealtad y
mi amor como tu seguidor y siervo. Te pido protección y guía,
portadora de la noche, te pido sabiduría y bendiciones".

Vuelve a encender la salvia si se ha quemado y enciende la hierba dulce (si no tienes hierba dulce puedes utilizar cualquier otro tipo de incienso). Utiliza la hierba dulce para emborronar el altar, las velas, los pétalos de rosa y a ti mismo. Coloca la hierba dulce junto a la salvia y deja que se consuma mientras visualizas a Nyx enviándote su protección, sabiduría, guía y bendición. Una vez que la hierba dulce y la salvia se hayan consumido, esparce los pétalos en los huecos entre las velas y las hierbas de tus manos mientras cantas:

Soy [tu nombre]. Soy una Sacerdotisa para mi Diosa, tú, Nyx, si
me aceptas.
Esta es mi petición, y estas son mis palabras.
Que este juramento permanezca fuerte, mi fe nunca vacile, mi
amor nunca se debilite.
¡Bendiciones de Nyx, lávenme!"

Honra a Nyx con ofrendas y oraciones y ella siempre responderá a tu llamada. Hay muchos dioses y diosas, te sugiero que aprendas sobre todos los que puedas y encuentres los que resuenen con tus energías personales. Dedica tiempo a aprender sobre ellos y haz tus propios rituales inspirándote en las invocaciones de este libro o crea los tuyos desde cero. Me imagino que cualquier dios o diosa estaría impresionado con alguien que se tomara el tiempo de elaborar su propio ritual para ellos, no te preocupes por los detalles, es literalmente el pensamiento lo que cuenta.

Invocación de Lyssa, Diosa de la Furia

La rabia y la ira son un elemento clave en muchos rituales de magia negra, y la Diosa de la Rabia es conocida por muchos como Lyssa. Es una buena idea familiarizarse con ella y pedir su ayuda al realizar este tipo de hechizos. El siguiente es un ritual de pacto para pedirle que te ayude en la construcción de la rabia.

Para invocar a Lyssa haz tres pentáculos en el suelo. Colócalos como si formaran las puntas de un triángulo y asegúrate de que están lo suficientemente separados como para que puedas situarte en el centro. Puedes construir tus pentáculos de cualquier manera. Concéntrate en todas las cosas que odias y, cuando hayas acumulado rabia, invoca a la diosa Lyssa con la siguiente oración.

"Oh, Gran Diosa Lyssa,
Hija de la Noble Nyx.
Solicito su ayuda y orientación,
Yo, como tú, soy un hijo de la oscuridad,
Fomento la rabia en mi corazón,
Ayúdame a liberarlo sobre mis enemigos,
Deseo ser tu discípulo,

enséñame el arte de la rabia,
guíame en mis esfuerzos,
juntos podemos conseguir cualquier cosa,
concédeme el poder de destruir".

Si sientes su presencia, has conseguido conectar con Lyssa. Si no, entonces necesitas meditar sobre tu rabia interior e intentarlo de nuevo. Un pacto con Lyssa es una gran bendición para los practicantes de las artes oscuras y vale la pena practicarlo ya que no hay efectos negativos potenciales o intenciones que puedan ser dirigidas inadvertidamente.

No puedo enfatizar lo útil que es tener una conexión con un ser divino de algún tipo, ya que realmente puede ayudar a dirigir adecuadamente tus intenciones durante los rituales, esto también se puede lograr a través de conexiones animistas con la naturaleza si no estás interesado en trabajar con los dioses. Reza y haz ofrendas a Lyssa con regularidad para mantener su favor.

Limpieza/carga de una varita nueva

Las varitas nos permiten concentrar mejor nuestras intenciones mientras hechizamos. Las varitas pueden llevar energías residuales de anteriores propietarios o del fabricante de la varita, por lo que siempre es una buena idea hacer un ritual de limpieza y cargarla de nuevo.

Necesitarás:

Caldero (u olla)

Agua salada de mar

Incienso

Cristal de cuarzo

Varita a limpiar

Flores, piedras preciosas y/o cuarzo rosa.

Hierve agua en el caldero y mézclala con una pizca de sal marina. Remueve tres veces y di: "Que la diosa entre en el agua, que la diosa la haga pura". Deja enfriar el caldero en el jardín (o en una zona de hierba) en un lugar soleado y di lo siguiente: "Que los rayos de Apolo te llenen de poder".

Haz un círculo alrededor del caldero con las flores y las piedras. Añade un cristal al caldero o a la olla. Tardará aproximadamente una hora en enfriarse. Enciende el incienso y coloca la varita en el agua ya fría. Di lo siguiente: "¡Que se libere la luz de Apolo!". Saca la varita del agua y remueve el agua tres veces en el sentido de las agujas del reloj.

Deja que la varita se seque en el alféizar de la ventana.

Magia protectora

Aunque este libro se centrará principalmente en rituales más oscuros o "magia negra", es absolutamente necesario tener una comprensión básica de la magia de protección y cómo utilizarla. Como usted probablemente ya sabe la magia negra puede ser peligrosa si se intenta por el inexperto, las intenciones pueden ser mal dirigidas si la concentración adecuada no se mantiene, y los hechizos pueden ser redirigidos o enviados de vuelta al usuario por un practicante experimentado que es por eso que siempre es una buena idea establecer protecciones y hechizos para prepararse para las consecuencias no deseadas. En la siguiente sección proporcionaré varios rituales protectores y artículos rituales que pueden ser usados en conjunción con cualquier ritual para asegurar que estás protegido y tienes el conocimiento para limpiar cualquier energía negativa que pueda quedar después de que conduzcas tus rituales.

Limpieza con Salvia (Smudging)

Puedes limpiar cualquier cosa con el humo de la salvia. Esto se puede hacer con una varilla de salvia o quemando salvia en un quemador de incienso. La salvia tiene poderosas propiedades limpiadoras y se puede utilizar para limpiar tu casa, el espacio del altar, joyas, cristales, velas o cualquier otra herramienta u objeto ritual. La salvia también se puede utilizar para limpiarte a ti mismo. Otros inciensos comunes utilizados para la limpieza son la mirra y la sangre de dragón, pero yo suelo utilizar salvia. Asegúrate de que tu salvia procede de fuentes éticas, muchas grandes cadenas de tiendas obtienen su salvia de fuentes insostenibles que dañan las zonas en las que se cosechan. Esto es especialmente importante si utilizas salvia blanca. Te recomiendo que cultives la tuya propia, es fácil y fortalecerá tu conexión con la naturaleza.

Para limpiar tu hogar, establece tu intención de limpiar, enciende la salvia y deja que se consuma y arda. Lleva la salvia por toda la casa y deja que el humo fluya por las habitaciones. Presta especial atención a los espejos, pasillos y otras zonas de mucho tránsito. Mientras lo haces, puedes rezar una oración a una diosa o un conjuro para centrar mejor tu intención.

Para limpiar un objeto, haz lo mismo: fija tu intención, enciende la salvia y pasa el objeto por el humo. Si el objeto es grande, coge la salvia y muévela alrededor del objeto, dejando que el humo lo envuelva.

Para limpiarte, enciende tu salvia y deja que se consuma, coge el humo con las manos y dirígelo alrededor de tu cuerpo. "Lávate" las manos, la cara, el cuerpo, las piernas, etc. con el humo. Hazlo con la intención de limpiarte y purificarte.

Protección del hogar
Encantamiento de cristales

Necesitarás:

Cristal grande

Bol o caldero grande

Agua

Sal marina

Albahaca

Algo de su casa/patio

Varita o algo para remover el agua

Coloca el cristal en el caldero y llénalo de agua hasta cubrirlo. Echa una pizca de sal en el caldero y di lo siguiente:

"Bendice a esta familia y bendice este hogar,
Mientras estamos aquí y mientras vagamos,
Cuando la oscuridad nos llame, nuestra luz brillará,
Y proteger a los que llamo míos".

Añade una pizca de albahaca y algo de tu jardín o de tu casa. Puede ser una piedra, una hoja, una brizna de hierba o incluso una fibra de la alfombra. Agita el agua con la varita en el sentido de las agujas del reloj. Haz 7 círculos completos alrededor del cristal mientras remueves.

Exponga el cristal en una zona común de la casa.

Hechizo de protección

Un hechizo básico de protección que te ayudara a concentrarte y prevenir el desvío de tus intenciones. Este hechizo también es útil para crear una barrera contra la mala voluntad de los demás.

Dibuja un pentáculo delante de ti (imagen superior).

Canta lo siguiente:

"Por el poder de la estrella de cinco puntas,
espíritus seas tú cerca o lejos,
Te invoco, escucha este clamor,
espíritus que protegen vienen ahora y vuelan,
oh espíritus ahora te pido,
para protegerme de la energía oscura,
que así sea... que así sea... que así sea".

Runa de protección

"Algiz, Runa de la Vida"

Algiz es una poderosa runa de protección y puede dibujarse en papel y colocarse o grabarse en algún lugar cercano, como tu altar, ropa, herramientas rituales o tu cuerpo. También se puede utilizar para crear tus propios hechizos de protección. Algiz es una de las runas más comunes encontradas en los hallazgos arqueológicos de Escandinavia y se solía colocar en los escudos de los guerreros antes de entrar en batalla.

Poción de protección

Esta poción protege de los espíritus malignos. La verbena se ha utilizado durante siglos como protección contra los vampiros y actúa contra cualquier espíritu maligno. La albahaca también se ha utilizado como protección contra el mal de ojo, es decir, cuando alguien te lanza energías negativas con la mirada.

Necesitarás:

1/2 taza de agua

1 cucharadita de verbena o 5 gotas de aceite de verbena

2 cucharadas de sal marina

1 cucharadita de albahaca o 5 gotas de aceite de albahaca

Tarro de cristal

Rocíe ligeramente la poción por su casa en lugares discretos (por ejemplo, en armarios) y unte la suela de sus zapatos y los de sus seres queridos. Esta poción también puede utilizarse como poderoso ingrediente ritual para cualquier hechizo relacionado con la protección.

Botella de bruja (Protección/eliminación de maleficios)

Las botellas de bruja se han utilizado en la magia popular durante cientos de años para romper maldiciones y proteger al creador del ataque mágico de otra bruja. Son un tipo de hechizo de tinaja.

Necesitarás:
Tarro o botella
Sal
Vela negra
Algo de la víctima
Clavos o alfileres doblados
Orina o vino

Haz esto como cualquier otro hechizo de jarra. Concentra tu intención. En este caso, es la eliminación de una maldición o la protección contra un ataque mágico. Coloca cada objeto de uno en uno. Empieza con la sal para tu base seguido por el objeto tuyo o de las personas que estas tratando de proteger. Pueden ser uñas, pelo, dientes, una foto o cualquier cosa relacionada con ellos. Coloca a continuación tus uñas y/o alfileres, seguidos de la orina o el vino.

Cierra el frasco y séllalo con la cera negra de la vela. Entierra el frasco en tu jardín y concluye el ritual. Este frasco sirve como señuelo para las energías negativas, atrapándolas bajo tierra y dejándote libre de todo daño.

Ritual de deshacer

Cuando un hechizo no sale como se desea, ya sea por falta de concentración, intención mal dirigida o resultados inesperados, es bueno realizar un ritual de deshacer para evitar cualquier daño adicional. Piensa en ello como el envío de energías para negar las que deseas deshacer.

Necesitarás:

Runa Isa

Pincel/pintura o bolígrafo

Pergamino/papel

"Runa Isa"

Isa es la runa Futhark del hielo y representa el frío congelante y es lo opuesto a Fehu, la runa del movimiento. Usaremos Isa para congelar y anular las energías del hechizo que deseas deshacer. Coloca tu pergamino frente a ti y dibuja un gran pentáculo con tu pintura o pluma, dentro del pentáculo dibuja la runa Isa. Mientras piensas en el hechizo que deseas deshacer di lo siguiente:

"Vientos helados vienen soplando a través,
Enfría estas fuerzas que deseo deshacer,
Congelado en su lugar, impotente ahora,
Sólo se libera si yo lo permito".

Dobla o enrolla el papel y guárdalo en un lugar seguro; si deseas deshacerlo, simplemente destruye el pergamino.

Hechizo de destierro (Destierro de espíritus y demonios)

Si un espíritu, demonio u otra entidad sobrenatural te persigue, deberás lanzar un hechizo de destierro para librarte de su presencia.

Lo que necesitarás:
Suficiente sal para dibujar un pentáculo.
Cristal de citrino o selenita
Una habitación con ventana

Dibuja un pentáculo en el suelo o en tu altar con la sal, coloca tu cristal en el centro del pentáculo, abre tu ventana y canta lo siguiente tres veces:

"Cenizas a las cenizas, polvo al polvo,
Vuelve de donde viniste,
Ya no eres bienvenido, es hora de irse,

Hago esto en nombre de Hécate".

Cierra la ventana y retira el pentáculo para completar el hechizo.

Tarro de protección

Este tarro servirá para proteger al creador o a cualquier persona en la que centre sus intenciones mientras lo elabora. Si quieres, puedes cambiar los ingredientes para adaptarlos a tu estilo. Yo utilizo ingredientes conocidos por sus cualidades protectoras.

Necesitarás:

Tarro

Vela blanca

Suciedad o arena

Cristal (cuarzo o turmalina negra)

Pimienta blanca

Hoja de albahaca

Canela (en polvo o en rama)

Concha

Limpia tus ingredientes y colócalos en tu altar o espacio ritual con tu jarra.

Medita sobre tu intención por un momento, por ejemplo, la necesidad de estar a salvo y protegido de cualquier daño. Si buscas protección frente a algo concreto, concéntrate en ese algo y en su incapacidad para hacerte daño.

Mantén la concentración mientras viertes la tierra o la arena en el tarro. Esta es tu base. Continúa colocando los objetos de uno en uno mientras diriges tu energía e intención hacia ellos.

41

Enciende la vela blanca y deja que la cera gotee sobre el sello del tarro. También puedes colocar la vela encima del tarro y dejar que se consuma por completo, cubriendo el tarro de cera.

Ahora el tarro se puede esconder o enterrar. Puede colocarlo detrás de una pared, en el fondo de un armario, debajo de la cama o incluso empotrado en las paredes de su casa. Si el tarro es lo bastante pequeño, puedes incluso llevarlo contigo.

Hechizo de protección del pentáculo

Necesitarás:
Barrita de salvia
Incienso de sándalo

Empieza meditando hasta que alcances el punto de completa tranquilidad. Necesitas vaciar tu mente de todos los pensamientos y sentimientos negativos. Coloca una barrita de incienso de sándalo en cada habitación de tu casa. Reza a tu deidad para que proteja tu hogar y a tu familia.

Enciende tu varita de olor y empieza trazando un pentáculo en el aire en las ventanas y puertas de cada habitación. Empieza por la parte inferior izquierda del pentáculo e imagina que se forma una cúpula sobre tu casa. Este hechizo debe repetirse cada mes, ya que los hechizos pierden fuerza con el tiempo. Termina dando gracias a tu dios o diosa preferidos.

Piedra de protección

Encuentra una piedra con una vibración alta, para ello sostén una piedra en tu mano y siente sus energías. Saca la piedra al exterior y busca un lugar tranquilo para sentarte. Mira fijamente la piedra, conéctate a tierra y carga la piedra con energía e intención. Di lo siguiente:

"Piedra, mal negarás.
Envíalo a la Tierra y al cielo.
Envíalo a la llama y al mar,
Piedra de poder, protégeme".

Puedes llevar esta piedra contigo, guardarla en tu casa o regalársela a otra persona para protegerla.

Rituales Herramientas

Todos conocemos las herramientas básicas de los rituales, como varitas, dagas, velas e incienso, pero hay muchas otras herramientas que las brujas han utilizado durante siglos y que el observador común generalmente desconoce. Estas herramientas pueden añadir poder y variedad a los hechizos que ayudan en la manifestación y por lo general se pueden hacer de artículos para el hogar

Agua de luna

El agua de luna se utiliza en hechizos, pociones, sigilos de limpieza y carga, prácticamente en cualquier práctica de brujería en la que utilices agua y necesites el poder y la protección de la luna. Esta agua también puede colocarse en tu altar y utilizarse como representación del Elemento Agua y de la luna. La única parte esencial de un ritual para hacer agua de luna es la presencia de la luna en el cielo nocturno. Puedes simplemente colocar tu jarra en el alféizar de una ventana o hacer un ritual complejo invocando a una deidad.

Necesitarás:
Un tarro o frasco de cristal transparente con tapa
Agua

Un lugar seguro para colocar el tarro en el exterior por la noche (un precinto de ventana también sirve, si la congelación es un problema puedes colocar el tarro en el interior sobre el precinto).

Llena el recipiente de agua y colócalo en el exterior o en una ventana cuando la luna haya salido. Si lo deseas, puedes rezar una oración a los dioses o diosas de tu elección, lo que resulta especialmente útil si piensas utilizar el agua en un ritual que implique a dichas deidades. Las diosas lunares más comunes son Selene, Artemisa, Hécate, Diana, Bastet, Luna, Astarté o Febe.

Ejemplo Ritual de Bendición del Agua de la Luna invocando a Hécate:

Di lo siguiente en presencia de la luna una vez que el sol esté completamente fuera de la vista.

"Invoco la Gracia de Hécate,
Te pido que me concedas tus bendiciones y tu poder en esta noche tan importante.
Lléname a mí y a mi Agua Lunar con tu gracia divina para que pueda cumplir mis propósitos y traer claridad cegadora a la oscuridad como siempre has hecho".

No te preocupes de que el tarro entre en contacto con la luz del sol, ya que tu intención era cargar el tarro con la luz de la luna y la luz del sol no puede deshacer eso.

Fases de la Luna

El agua de luna se puede cargar en cualquier fase de la luna y se pueden utilizar diferentes fases para diferentes tipos de agua de luna, aunque no es necesario. Estas fases y sus fuerzas también se pueden aplicar a tus otros trabajos de hechizos.

Luna llena: curación, carga, destierro, magia de amor, limpieza, protección

Gibbio menguante: limpieza, renuncia, deshacer maldiciones y ataduras.

Último trimestre: romper maldiciones y malos hábitos, desterrar, renunciar

Creciente menguante: éxito, curar la enfermedad, alcanzar la sabiduría, equilibrio, expiación.

Luna oscura: búsqueda del alma, destierro, adivinación, deconstrucción, atadura

Creciente creciente: riqueza, suerte, magia constructiva, amistad, atracción, éxito

Primer trimestre: motivación, adivinación, calma, fuerza, crecimiento

Cielo crepuscular: éxito, salud, atracción, motivación

Luna nueva: nuevas relaciones, amor, nuevos comienzos, cambio, espacios liminales

Agua de mar

Una bruja puede utilizar el agua de mar para muchas cosas. Es ideal para la limpieza y se puede utilizar en una botella de spray o como un baño para cualquier objeto mágico o mundano. También puedes poner una jarra o una botella en tu altar para representar los elementos Agua y Tierra.

No siempre es fácil recoger tu propia agua de mar, pero afortunadamente puedes fabricar tú mismo un poco que sea igual de eficaz. Puedes trabajar con cualquier dios o diosa que tenga dominio sobre el mar. En este ritual, trabajaré con Anfitrite, la esposa de Poseidón, pero también puedes trabajar con Hécate, que también es honrada y venerada como diosa del mar.

Lo que necesitarás:

Agua caliente (2 tazas)

Concha

Sal marina (4 pizcas)

Recipiente para mezclar

Mezcla la sal marina y el agua hasta que se disuelva toda la sal. Sostén tu concha marina en la mano y di en voz alta lo siguiente:

"¡Anfitrite! ¡Reina del Mar!
¡Te pido que prestes tu poder a este recipiente!
¡Poderosa diosa de las profundidades!
Te doy la bienvenida y te doy las gracias".

Suelta tu caparazón en el agua y el ritual se habrá completado.

Acuérdate de dar gracias a tu dios o diosa cuando utilices tu agua de mar.

Sal negra

La sal negra es un ingrediente que se utiliza habitualmente en brujería y que puede elaborarse a partir de simples artículos domésticos. La sal negra es un poderoso ingrediente protector y una herramienta que puede utilizarse como parte de cualquier ritual mayor que requiera cualquier tipo de sal o simplemente esparcirse por la casa o guardarse en una bolsita para protegerse.

Necesitarás:

Sal marina

Cenizas

La forma más sencilla de hacer sal negra es coger cenizas de tu incensario o chimenea y moler 2 partes de sal con 1 parte de ceniza. Al mezclar los ingredientes, asegúrate de cargar la sal con una intención protectora.

También puede añadir otros ingredientes protectores, como cáscaras de huevo, canela o una pizca de tierra de cementerio adquirida de forma ética. Cuando adquiera tierra de cementerio, asegúrese de dejar una ofrenda como tabaco, sal o azúcar.

Polvo de Goofer

El polvo goofer procede de la tradición del hoodoo y se utiliza generalmente para lanzar maleficios y maldiciones. Se puede hacer de una variedad de ingredientes, pero por lo general utiliza una combinación de tierra (por lo general de un cementerio), ceniza, azufre, pólvora, polvo de hierro, polvo de serpiente, pimienta negra o roja y sal. Puedes usar cualquiera de estos ingredientes en cualquier combinación mientras estableces tus intenciones de hacer este polvo y puede ser usado en una variedad de hexes.

Tarros

Los hechizos de tarro son una antigua forma de magia popular que puede realizarse de diversas maneras para un número casi ilimitado de propósitos. El hechicero define su intención y coloca objetos cargados en un tarro. A continuación, el tarro se sella y se desecha ceremoniosamente. Los tarros de protección suelen enterrarse o esconderse, aunque algunos hechizos exigen la destrucción del tarro. Los detalles de los tarros no son importantes: la intención y tu enfoque son los que hacen que todo funcione.

El primer paso es definir y establecer tus intenciones, saber exactamente lo que quieres y mantener la concentración. También puedes escribir tu intención en un trozo de papel que colocarás en el tarro durante el ritual. A continuación, llena el tarro con objetos relacionados con tu intención, como cristales, especias, hierbas, líquidos y cualquier otra cosa que desees utilizar.

Coloca los objetos uno por uno, carga cada objeto enfocando tu intención en ellos mientras los colocas en el frasco. Después de que todo esté en el frasco, debes sellarlo para que las energías dentro del frasco estén contenidas. Puedes hacerlo goteando cera de vela sobre el sello o dejando que la vela se queme sobre el frasco. Si la tapa es de plástico, tendrás que colocar papel ignífugo entre la vela y la tapa. También puedes utilizar cuerda, pegamento, miel o cualquier otra cosa que funcione para mantener el frasco sellado energéticamente.

Ahora se puede enterrar, destruir o esconder el tarro para que hagan su magia. También puedes hacer pequeños tarros y llevarlos contigo. Yo llevo conmigo un pequeño tarro de protección siempre que salgo de casa.

Magia negra

Cuando pensamos en magia negra, generalmente pensamos en rituales que pretenden llevar el desastre y la ruina a nuestros enemigos, y aunque esto puede ser cierto, la hechicería oscura es un camino hacia mucho más que la destrucción. Lo que la gente considera "magia negra" variará dependiendo de a quién preguntes, como probablemente ya sepas es un tema muy controvertido en la comunidad más amplia de la brujería. Muchos consideran que cualquier ritual "egoísta" es magia negra, como los rituales que pretenden conseguir poder, riqueza y amor a menudo mediante la manipulación de la voluntad de los demás. Sea como sea que decidas ver estas prácticas es una decisión personal y te sugiero que medites sobre el tema e incluso consultes con tu deidad/espíritus antes de sumergirte de cabeza en esta potente magia. La búsqueda del poder puede consumirte y es mejor dar pequeños pasos en tu camino hacia el dominio para no sentirte abrumado. Los rituales que incluyo varían mucho en su alcance y todos se centran en la consecución de los deseos a través de la culminación de la experiencia y el poder, tenga cuidado de ser consciente de la gravedad de estos hechizos y lo que podría causar a transpirar y siempre tomar el trabajo ritual en serio.

Círculo de sombras

Un círculo de sombra es un lugar sagrado y protegido para llevar a cabo rituales que requieren la máxima concentración y enfoque, especialmente útil cuando se llevan a cabo rituales malévolos. Lanza este círculo para evitar cualquier energía perdida que pudiera interrumpir o dificultar tu capacidad de concentrarte y enfocar tus intenciones. El círculo es en realidad una esfera de protección que puede ser del tamaño que desees. En este ritual usaré un athame para lanzar el círculo, pero puedes usar una varita, tu mano o un bastón. Prácticamente cualquier herramienta fálica funcionará.

Necesitarás:
Athame, varita, bastón o mano
Espacio para crear un círculo

Visualiza la oscuridad fluyendo a tu alrededor. Coge tu athame con la mano izquierda y empújalo hacia el sur, en el sentido contrario a las agujas del reloj, luego gira 360 grados hasta llegar de nuevo al punto de partida meridional. Cuando las sombras te rodeen, siente cómo aumenta la presión y cómo la energía de las sombras se comprime contra ti. Siente el frío del abismo a tu alrededor: siente su escalofrío, pero no dejes que afecte a tu concentración.

Cuando las sombras se acerquen, empújalas hacia atrás formando un círculo de dos metros a tu alrededor, creando una barrera de oscuridad. Este es tu círculo de sombras, un lugar sagrado protegido que te permitirá llevar a cabo tus rituales sin interrupciones. Ahora puedes llevar a cabo un ritual, meditar o cualquier otra cosa que requiera una concentración perfecta.

Cierra el círculo cortándolo con el athame de tu mano dominante. Dedica un tiempo a meditar dentro del círculo de sombra para fortalecer tu concentración, poder y capacidad de enfocar tus intenciones cuando lleves a cabo magia potencialmente dañina.

Bolsita Sueño de Pesadilla

Este ritual hará que la persona tenga sueños horribles, experimentará sus mayores miedos cada noche y tendrá un sueño intranquilo mientras el ritual esté en vigor.

Necesitarás:

Runa Thurisaz (dibujada/pintada sobre papel)

Bolsa pequeña

Hojas de solanáceas (tomate, belladona, tabaco, berenjena, patata, pimientos, etc.)

Pimienta negra

"Runa Thurisaz"

Dibuja la runa Thurisaz en tu papel, dóblalo y colócalo en tu bolsa. Ahora introduzca las hojas de belladona en la bolsa (si tiene problemas para conseguir las hojas de belladona, el método más sencillo es utilizar el tabaco de un puro/cigarrillo). Coja una pizca de pimienta negra entre el pulgar y el índice, espolvoree lentamente la pimienta en la bolsa mientras dice lo siguiente:

"Puede que estés cansado, pero descanso no encontrarás,
Tus mayores miedos infectarán tu mente,
Cada noche tendrás miedo,
cuando te acostarás en esta cama que has hecho".

Tu objetivo experimentará pesadillas vívidas hasta que termines este hechizo descartando el contenido de la bolsa.

Eliminar el mal de un objeto

Este ritual puede utilizarse para eliminar energías o entidades malignas o malditas/negativas de cualquier objeto.

Necesitarás:
1 vela blanca
Sal
Objeto maldito
Pentáculo
Tela negra
Cristal de turmalina
55

Coloca el objeto sobre la tela negra y pon el pentáculo encima, si no puedes ponerlo encima del objeto asegúrate de que lo toca. Enciende la vela y ponla delante del objeto.

Toma tu sal y úsala para dibujar un círculo alrededor de tu objeto, asegurándote de que el círculo sea tan grueso y perfecto como puedas hacerlo, a mí me gusta hacer mis círculos de sal de aproximadamente ½ pulgada de grosor pero mientras el círculo esté completo funcionará.

Coloca la turmalina de forma que bordee el círculo de sal por fuera, durante el ritual romperás el círculo de sal para abrir un camino hacia el cristal.

Di lo siguiente:

"Energía positiva, quédate conmigo,
Energía negativa déjame en paz.
Vete, no perteneces aquí,
Vete lejos, nunca cerca.
Exijo que huya todo el mal.
Exijo que me escuches.
Fuera, fuera, fuera.
Vete, vete. Escucha mi grito.
Esta es mi voluntad, que así sea".

Ahora abre un camino a través de la sal que conduzca a tu cristal de turmalina, las energías malditas contenidas en el objeto saldrán del círculo y serán neutralizadas por la turmalina al intentar escapar.

Rastreo de pies Maldición vudú

Se trata de una maldición común entre los practicantes de vudú que se hizo muy conocida en el sur de Estados Unidos a principios del siglo XX. Consiste en utilizar un polvo mágico que provoca dolor e hinchazón en los pies y las piernas del objetivo. Hay varias variantes de este ritual, y yo voy a tratar tres de las más comunes.

Necesitarás:

Recipiente para mezclar (mortero y maja)

3 partes de polvos (talco/goma arábiga/harina)

1 parte de pimienta de cayena en polvo

1 parte de azufre

1 parte de pimienta negra

1 parte de piel de serpiente en polvo (opcional, aumenta la potencia)

Primero tendrá que preparar su mezcla (a menudo llamada polvo goofer), combine todos los ingredientes en su tazón y mezcle muy bien. La forma más común de administrar el polvo es mediante la colocación de un "camino de pie", que es donde se espolvorea el polvo en un camino que su objetivo va a caminar hacia abajo, cuando la colocación de su camino asegúrese de que sus intenciones se concentran en su objetivo para que no inadvertidamente objetivo de cualquier otra persona que pasa a caminar sobre el camino.

También puede coger un poco de suciedad de un camino que su objetivo ya haya pisado, coja la suciedad y colóquela en una bandeja o en un plato y espolvoree el polvo sobre la suciedad. Un tercer método es colocar el polvo directamente en los zapatos del objetivo, el polvo puede ser rociado en la parte inferior de los zapatos.

Tenga cuidado al manipular el polvo, debe llevar guantes y lavarse las manos si entran en contacto directo con el polvo. Asegúrese de no inhalar nada del polvo, ya que puede causar problemas respiratorios, le sugiero que use una máscara contra el polvo mientras se prepara el polvo.

Hechizo de clarividencia

Este hechizo te permitirá ver las verdaderas intenciones de las personas y te dará el poder de ver a través de cualquier ilusión o manipulación.

Necesitarás:
Incienso ámbar
Vela azul

Enciende la vela y el incienso y di lo siguiente:

"¡Veritas, Diosa de la Verdad!
Concédeme el poder de ver a través de las mentiras,
Ver la intención en los ojos de todos,
Que se acaben los engaños y las ilusiones

Asegúrate de dar gracias a Veritas por tu nuevo e incipiente don de clarividencia, trabaja en esta habilidad a través de la meditación, este ritual se puede repetir siempre que quieras como un ritual a Veritas. A medida que tu conexión con Veritas crezca, tus poderes de clarividencia también lo harán.

Maldición de la perversión

Este hechizo se utiliza para maldecir a un pervertido malévolo, a una persona que acosa y hace insinuaciones no deseadas, a los que amenazan la seguridad de los demás y a los que pretenden cometer actos violentos contra los inocentes.

Necesitarás:
Plátano sin madurar (plátano verde)
Cuchillo
Alfileres (unos 12 bastarán)
Hilo negro
Sal negra
Vela negra

Mantén a tu objetivo en tu mente todo el tiempo que estés haciendo este ritual, visualiza su cara mientras haces cada paso. Pela el plátano hasta la mitad para que la pulpa quede expuesta, coge tu cuchillo y corta la parte expuesta del plátano en 3 secciones. Frota sal negra entre los trozos cortados y únelos con alfileres. Utiliza el hilo para unir los trozos, enciende la vela y di lo siguiente.

59

"Ya no llevarás el miedo y la alarma a los que no lo desean,
Tus acciones perversas te causarán dolor y sufrimiento,
Le ordeno que cese o se enfrentará a graves consecuencias,
Hago esto para proteger a los inocentes, en nombre de
Hécate".

Gotea la cera de la vela sobre todo el plátano y apaga la vela, puedes enterrar el plátano o simplemente tirarlo a la basura.

Tarro agrio

Un tarro amargo amarga la vida o las relaciones de tu objetivo. Esta magia popular Hoodoo se puede utilizar para una sola persona, pero a menudo se utiliza para romper una relación, ya sea romántica, familiar o incluso laboral. Los tarros agrios se pueden hacer de varias maneras, pero normalmente contienen un líquido agrio/ácido, como el vinagre, como base y otros elementos cargados de intención para representar y concentrar las energías que se utilizan en la maldición. Al igual que otros hechizos de tarro, este ritual se puede personalizar para adaptarse a sus necesidades con lo importante que es su intención y el enfoque durante el proceso de elaboración de la jarra. El siguiente es un ritual tradicional Hoodoo.

Necesitarás:
Tarro o botella con tapa metálica
Cualquier tipo de vinagre
Uñas
Salsa picante o pimientos
Pimienta en polvo
Foto o algo que represente los objetivos
Documento de petición
Vela negra

Imagina lo que quieres conseguir con este ritual y tenlo presente durante todo el ritual. Unta la vela con un poco de vinagre, espolvorea un poco de pimienta y enciéndela.

Vierte el vinagre en el tarro hasta que esté medio lleno. En el papel de la petición, escribe lo que deseas que ocurra. Puede ser tan sencillo como escribir "vida agria" o tan detallado como "su relación se agriará y conducirá a la separación". Coloca los objetos de uno en uno mientras concentras tu intención. Cierra el tarro y coloca la vela encima. Deja que la cera caiga sobre la tapa, "sellando" el tarro. Si tu tarro no es de metal ni resistente al calor, puedes dejar que la cera gotee sobre el tarro para sellarlo.

Durante siete días, agita el tarro todos los días y vuelve a concentrarte en tus intenciones. Ten cuidado si utilizas vinagre crudo u otra materia orgánica, ya que podría acumularse presión en el interior del tarro y hacerlo estallar, sobre todo si lo guardas en un lugar cálido. Alternativamente, puedes volver a encender la vela cada día para volver a centrar tus intenciones y revigorizar las energías del hechizo. Transcurridos siete días, puedes deshacerte del tarro de la forma que creas conveniente.

Flecha hexagonal

Se trata de un sencillo maleficio que causa desgracias y que sólo requiere que conozcas la ubicación/dirección de tu objetivo. La forma más fácil de conseguirlo es conocer su lugar de trabajo o su residencia y saber cuándo estará en cualquiera de los dos lugares. Puedes usar un mapa y una brújula para encontrar la dirección, si no tienes brújula puedes usar el Sol (sale por el este y se pone por el oeste) o las estrellas.

Necesitarás:

Mapa y brújula

Harás la pantomima (actuarás) como si estuvieras preparando y disparando una flecha con un arco invisible. Mira hacia la dirección y haz/di lo siguiente:

Saca una flecha del carcaj que llevas a la espalda
"Rezo para que esta flecha dé en el blanco,
Y atraviesa tu corazón tan oscuro,"

Prepara la flecha en el arco y tira de la cuerda
"un maleficio para castigar tus malos caminos,
Sentirás el aguijón como rayos ardientes"

Suelta la cuerda para disparar la flecha
"Este es el primero, presten atención, tomen nota,
La próxima vez apuntaré a la garganta".

Maldición de las flechas

Este hechizo es una continuación/alteración del último hechizo que tiene consecuencias mucho más nefastas, en vez de causar simple desgracia este ritual traerá ruina y caos a la vida de una persona.

Necesitarás:

Mapa y brújula

Incienso o pluma (Aire)

Vela (Fuego)

Cianita u Obsidiana Negra (Tierra)

Concha de mar o pequeño cuenco de agua (agua)

Coloca los objetos rituales a tu alrededor, cada uno orientado en su dirección cardinal. Coloca el objeto de tierra al norte de ti, el de aire al este, el de fuego al sur (enciende la vela) y el de agua al oeste. Colócate en el centro y mira en la dirección de tu objetivo. Una vez más, harás la pantomima del acto de sacar una flecha, prepararla y disparar a tu objetivo.

Di y haz lo siguiente:

Saca una flecha del carcaj que llevas a la espalda
"Esta flecha trazo su propósito claro,
Para buscarte lejos o cerca".

Prepara la flecha en el arco y tira de la cuerda
"Diosa préstame tu fuerza y puntería,
Deseo traerles ruina y dolor".

Suelta la cuerda enviando la flecha en su curso
"Perdición y miseria, directo al corazón,
Esta maldición destrozará tu vida".

Apaga la vela para concluir el ritual, puedes deshacer esta maldición sacando otra flecha de tu carcaj y rompiéndola sobre tu rodilla mientras visualizas tu objetivo original, esta deshechura funciona tanto para el maleficio como para la maldición.

Effigy Poppet Curse

Necesitarás:
Efigie o poppit
Vela negra
Contenedor ignífugo

La maldición de la efigie utiliza una imagen o representación (efigie) de la víctima prevista y la llama de una vela negra. La efigie puede ser cualquier cosa que se desee. Su nombre en un pequeño trozo de papel es pragmático y sencillo. Ten en cuenta que vas a prender fuego a la efigie.

La cantidad de daño causado a la víctima está correlacionada con la cantidad de energía y rabia que pongas en el ritual. Este ritual suele causar desgracias en forma de lesiones o la pérdida de algo querido. Los practicantes avanzados pueden dirigir sus intenciones para lograr un resultado específico.

Enciende la vela negra en tu altar y coloca un cuenco o plato ignífugo delante de la vela. Coge con cuidado tu efigie y prende fuego a la esquina con la vela, hazlo en un espacio bien ventilado, preferiblemente al aire libre. Deje caer inmediatamente la efigie en el cuenco y cante lo siguiente en voz alta.

"Este es el momento de la retribución,
Invoco a los elementos,
Los convoco,
Los conjuro para que cumplan mis órdenes,
Las cuatro atalayas, concédeme tu poder,
Trae el miedo, la culpa y el dolor,
Habrá sumisión sin piedad,
Dirijo mi odio contra ti,
Contra ti se dirigirá,
Cien veces el precio de mi ira y mi dolor,
Serás forjado con miedo, ungido con dolor,
Cegado por mí, atado por mí, maldito por mí, ¡que así sea!"

Una vez que el fuego se haya consumido, puedes apagar la vela para concluir el ritual.

Escalera de brujas mortal

Las Escaleras de Bruja se han utilizado durante siglos por una variedad de razones y propósitos, se trata de atar nudos en una cuerda, hilo o cuerda, mientras que la infusión de cada nudo con la intención mágica. Esta Escalera de Bruja se utiliza para maldecir y embrujar.

Necesitarás:

Cuerda fina o hilo

Pimienta negra

Querrás que tu cuerda sea lo suficientemente larga para que puedas hacer varios nudos, normalmente 3, 6 o 9, según prefieras. Cuando hagas los nudos, asegúrate de no apretarlos demasiado, ya que los desharás cuando estés listo para liberar las energías que has infundido. Empieza por cubrir la cuerda con pimienta negra y aplícala con los dedos. Ahora que todo está preparado, puedes empezar a hacer los nudos.

Mientras haces cada nudo concéntrate y enfócate en las energías malévolas que estás poniendo en él. Visualiza la oscuridad arremolinada que estás sellando en cada nudo y el poder potencial que se almacenará hasta que estés listo para liberarlo. Puedes alternar las cantidades de energía en cada nudo para tener diferentes efectos, yo suelo convertir el primer nudo en un maleficio suave y el siguiente en una maldición despiadada. Por ejemplo: Primer nudo maleficio, segundo nudo maldición, tercer nudo maleficio, cuarto nudo maldición y así sucesivamente. Cuando estés listo para liberar las energías de tus maldiciones simplemente concéntrate en un objetivo y desata el nudo, la magia buscará a tu objetivo infligiendo lo que hayas infundido en los nudos.

Anillo de Poder Encantado

Muchos practicantes de las artes oscuras encantarán diferentes objetos para fortalecer un vínculo con una deidad o para aumentar sus energías oscuras. Uno de los objetos más comunes que se imbuyen con este poder es un anillo. En este encantamiento pediremos a Lyssa, la Diosa de la Furia, que impregne nuestro anillo con su bendición.

Necesitarás:
Un anillo
Cuenco de ofrendas
Dos velas negras
Una vela roja

Empieza colocando un pequeño cuenco con frutos secos y/o frutas en tu altar como ofrenda a la Diosa. Enciende dos velas negras y colócalas en lados opuestos del altar. Coloca una vela roja entre las velas negras y coloca tu anillo en la base de la vela roja de forma que la cera gotee sobre el anillo.

Concéntrate en la ira y el odio por cualquier cosa que puedas tener y deja que esa ira se acumule hasta que te hayas puesto furioso.

Di lo siguiente:

"Lyssa, Gran Lyssa, te pido que me concedas una bendición de fuerza.
Este anillo que tienes ante ti es mío y ahora tuyo.
Cuando lo lleve, podré invocar tu poder y tú podrás invocar mi servicio.
Diosa de la Locura y la Furia ven y únete a mí a través de la furia y el odio mutuos,
No malgastaré tus fuerzas, diosa mía".

Apaga las velas negras y deja que la vela roja arda hasta que la cera toque el anillo. En ese momento se completa el encantamiento.

Retira el anillo del altar y póntelo. Si tienes éxito, deberías sentir el poder recorriendo tu cuerpo. Si no, te sugiero que trabajes en tu conexión con la diosa y en tu propia rabia interior.

Puedes llevar el anillo de cualquier forma: en un collar, en el bolsillo, en un bolso, etc. Mientras mantengas tu vínculo con Lyssa y le hagas ofrendas y oraciones con regularidad, tu anillo mantendrá su poder.

Tarro de miel

Los tarros de miel son conocidos rituales populares que funcionan para endulzar la actitud de alguien hacia ti, animándole a tener una opinión favorable de ti y/o de otro, según tu pliego de peticiones. Puede utilizarse para conseguir una atención positiva que podría conducir a una relación, un ascenso, la inclusión en una herencia o cualquier otra cosa que desees manifestar. Se trata de un tipo de magia popular Hoodoo muy utilizada y conocida por su eficacia. Se puede lograr utilizando simples artículos para el hogar.

Necesitarás:

Tarro o botella con cierre

Vela rosa o roja

Miel o azúcar

Imagen o algo que represente el objetivo

Pétalos de rosa, lavanda y/o vaina de vainilla (opcional)

Documento de petición

Unge (frota) la vela con la miel o el azúcar (mezclados con un poco de agua). Enciende la vela y prepara tu espacio mientras te concentras en lo que deseas manifestar. En el papel de petición, escribe cuál deseas que sea el resultado del ritual. Por ejemplo: "Zack verá mi valía y me dará el ascenso". Sé lo más específico posible para conseguir objetivos concretos. Alternativamente, puedes escribir una declaración general como "quiéreme", todo depende de lo que intentes conseguir.

Coloca los objetos en el tarro de uno en uno mientras te concentras en tu intención y diriges esas energías hacia cada objeto a medida que entran en el tarro. Cierra el tarro y coloca la vela encima. Deja que la cera de la vela se derrita sobre la tapa para "sellar" el hechizo. Alternativamente, puedes gotear la cera de la vela sobre el tarro si tu tarro o botella no es resistente al calor.

Guarda el tarro en un lugar seguro hasta que ya no desees que sus efectos permanezcan activos. Para poner fin al hechizo, desprecinta el tarro y desecha o recicla su contenido.

Maldición de la manzana podrida

Esta maldición utiliza una manzana para despojar a una persona de sus energías vitales; a medida que la manzana se pudra, también lo harán su vitalidad y su sustento.

Necesitarás:
Manzana (cualquier tipo sirve)
Cuchillo
7 Clavos
Papel

Utiliza el cuchillo para cortar la manzana por la mitad, puedes cortar la manzana en cualquier dirección, horizontal o vertical, no importa. Escribe el nombre del destinatario en el papel y dóblalo hasta que quepa entre las dos mitades de la manzana. Coloca el papel dentro de la manzana y utiliza los clavos para volver a unir las dos mitades de modo que permanezcan juntas y di lo siguiente:

"Las frutas más frescas empiezan a pudrirse,
Sus modas de color, su belleza olvidada,
Consumido por alimañas, devorado y desaparecido,
Compartes su destino, por todo lo que has hecho mal,
Y así es y así será,
Hasta que yo decida liberarte".

Coge la manzana y entiérrala en el exterior varios centímetros bajo la superficie, a medida que la manzana se pudra también lo harán las fuerzas vitales de la persona a la que estás maldiciendo. Para liberarlos de la maldición puedes verter una taza de agua de luna en el lugar donde enterraste la manzana.

Un hechizo de seducción

Se trata de un ritual de tres noches de duración que seguramente atraerá la atención de quien desees. Funciona apuntando a una persona específica con grandes cantidades de energía en el transcurso de tres noches.

Necesitarás:
Una vela roja
Trozo de papel rojo o rosa
Lápiz, bolígrafo o pintura
Caldero

Enciende la vela roja. Escribe tu nombre completo en el papel. Debajo de tu nombre, escribe el nombre de la persona a la que apuntas, su fecha de cumpleaños y luego la tuya.

Dibuja un corazón alrededor de la información y, a continuación, vuelve a escribir los nombres directamente encima del corazón tres veces. Dobla el papel por la mitad y colócalo en tu caldero, enciéndelo con la vela. Mientras arde, di lo siguiente

"Enciende la llama brillante, el fuego es el color del deseo.
Deseo que se manifiesta en un camino de mi elección.
El deseo que tengo lo comparto contigo,
Ven a mí y mira todo lo que deseo mostrarte".

Esto debe hacerse cada noche durante tres noches consecutivas. Este es un ritual dirigido que implica grandes cantidades de tu voluntad, intención y dirección adecuada, así que espera resultados fuertes si se hace con éxito y un posible drenaje de energía.

Hechizo de amor inverso (Deshacer)

Este ritual anulará cualquier hechizo de amor general, tanto si te lo han hecho a ti como si tú se lo has hecho a otra persona.

Necesitarás:

Taza de pétalos de rosa

Media taza de mandrágora o zanahorias

Botella precintable

Hoguera o chimenea

Enciende un fuego una noche en la que la luna esté en su punto más alto. Coge la mandrágora y los pétalos de rosa y échalos al fuego mientras dices lo siguiente:

"Llamo a las tormentas, llamo a la brisa,
Para azotar el suelo y doblar los árboles,
Te invoco Hécate, para que te lleves lejos a este amante.
Que encuentren el amor, verdadero y puro,
Pero con ellos no puedo aguantar".

Cuando el fuego se apague, coge algunas de las cenizas y ponlas en la botella o recipiente y entiérralo para concluir el ritual.

La maldición ardiente de la desgracia

Esta maldición utiliza el fuego para traer la desgracia a todos aquellos a los que desprecias, es un hechizo de maldición general que no tiene un objetivo específico, sino que busca derribar a todos aquellos que se oponen a ti.

Necesitarás:

Un trozo grande de papel (el papel de cuaderno es perfecto)

Caldero a prueba de fuego

Vela roja

Escribe en tu papel lo siguiente:

"A todos los que me desean el mal les traigo el fuego de la retribución, a todos los que desean que fracase y se oponen a mí veré sus vidas arder en llamas. Vuestras relaciones se tambalearán, vuestra paz mental se borrará, este es el destino que os doy y este es el destino que tomaréis."

Puedes adaptarlo como quieras o dejarlo tal cual. Después de escribir esto dobla el papel 3 veces y enciende tu vela. Coloca el papel dentro de tu caldero en un área bien ventilada (al aire libre es lo mejor) y enciende tu vela, usa la vela para prender fuego al papel mientras te concentras en tus enemigos, mientras el papel arde visualiza sus vidas desmoronándose, míralos fracasar en alcanzar sus metas y ve como sus intentos de mantenerte abajo arden en llamas.

Cuando el papel se haya quemado y enfriado por completo, coge una pizca de las cenizas y lánzalas al aire para concluir el ritual.

Atracción Poppet

Un hechizo que utiliza una muñeca que se dirige a una persona específica en la que estás interesado. Freya es la diosa nórdica del amor y la brujería, y le pediremos que bendiga a nuestra muñeca, pero puedes usar cualquier deidad que desees.

Necesitarás:

Cristal de cuarzo rosa

Obturador

Foto del objetivo

Un paño rosa

Caja pequeña

Rotulador o pintura

Runa Raidho "Runa Raidho"

Concéntrate en que tu objetivo es atraído hacia ti y observa la relación que tendréis una vez que tu magia haya surtido efecto.

Dibuja la runa Raidho, que es la runa del movimiento y los viajes, sobre el dibujo mientras sigues concentrando tu intención.

Coloca tu cristal encima del dibujo y di lo siguiente:

"¡Noble Freya! Busco un amor que supere todas las dificultades, incluso la propia muerte. Bendice esta muñeca con

el magnetismo para atraerlos. Si es tu voluntad entonces bendice esta unión. ¡Bendita sea!"

Coge el paño rosa y firma con tu nombre en él. Envuélvelo todo con la tela y métetelo en la caja. Pon la caja en un lugar seguro donde no la molesten. Para cancelar el hechizo, simplemente coge la muñeca y límpiala con humo de salvia.

Hechizo de la vela de adoración

Este ritual de una semana de duración es un poderoso hechizo que puede acercar a dos personas con la intención de iniciar una relaclón.

Necesitarás:
2 velas rojas
Aceite de rosa

Un viernes por la noche, el día de la semana dedicado a la diosa Freya y Afrodita, frota dos velas rojas con aceite de rosas. Coloca estas velas en extremos opuestos de tu altar. Puedes invocar a Freya o a Afrodita para tu conjuro. Enciende las velas y di lo siguiente

"¡Freya!
¡Gran diosa del amor y de las pasiones del hombre!
Emprendí un camino de amor, romance y aventura.

¡Busco adoración y posibilidades infinitas!
Si es tu voluntad, bendice este esfuerzo.
Te pido que nos acerques".

Todos los días durante una semana, siendo la última noche el viernes siguiente, enciende las velas y acércalas ligeramente. Mientras lo haces, imagina que la energía de tu amor y la tuya se acercan y apaga las velas.

La séptima noche, asegúrate de que las velas están lo más cerca posible y enciéndelas. Medita sobre tu amor e imagina el momento en que os confesáis vuestro amor. Deja que las velas se consuman del todo.

Guarda la cera de las velas y guárdala en un lugar seguro. Deshazte de la cera como en hechizos anteriores para romper la magia de este ritual.

Tarro de pesadilla

Este hechizo de jarra provocará pesadillas graves al objetivo.

Necesitarás:
Elemento que representa el objetivo
Arena
Semillas de amapola
Raíz o polvo de valeriana
Vinagre
Algo para sellar el tarro

Concéntrate en tu objetivo y en las pesadillas que tendrá mientras viertes la arena hasta que tenga medio centímetro de profundidad. Coloca el objeto que representa al objetivo sobre la arena. Vierte las semillas de amapola y la valeriana mientras mantienes tu intención, y luego vierte el vinagre hasta que esté lleno hasta la mitad.

Cierra el tarro y séllalo con cera de vela, pegamento, cinta, cuerda o lo que tengas a mano.

Agita el tarro cada noche que quieras que el objetivo tenga pesadillas, cuando termines con el tarro puedes deshacerte de él en con el método que desees .

Ritual de la Segunda Vista, Tercer Ojo

Muchas culturas y religiones antiguas conocían el tercer ojo. Creían que estaba relacionado con una pequeña glándula endocrina en forma de ojo situada en el cerebro llamada glándula pineal. Se cree que el Ojo de Horus es una representación de esta glándula, y también está relacionado con el chakra raíz en las prácticas hindúes. Este es un ritual sencillo para trabajar en el desarrollo de tu tercer ojo, que aumentará la clarividencia y las habilidades mágicas en general.

Necesitarás:
Vela violeta
Amatista

Utilizarás una vela morada, ya que representa el chakra de la coronilla, y una amatista, ya que se cree que estimula el tercer ojo.

Enciende la vela y/o el incienso y siéntate en una postura cómoda. Sujeta la amatista entre los ojos y concéntrate en la apertura de tu tercer ojo. Visualízalo dentro de tu cabeza fortaleciéndose, irradiando poder desde su núcleo. Coloca la amatista frente a ti y medita todo el tiempo que puedas, yo intento meditar al menos diez minutos seguidos.

Realiza este ritual con regularidad y, con el tiempo, desarrollarás la capacidad de la segunda visión a medida que se abre tu tercer ojo. Es posible ver una diferencia inmediatamente después de un ritual, pero no es lo común. ¡Un gran poder viene con la práctica y el estudio! Tu segunda vista es similar a un músculo en que tus habilidades de clarividencia crecerán con el uso.

Piedra del dolor

Puedes utilizar este ritual para desviar la energía alegre de una persona que te ha hecho daño a una piedra que puedes desechar o utilizar para otros fines.

Necesitarás:

Piedra pequeña

Vista despejada de la luna

Cuando estés fuera por la noche, agarra la piedra con fuerza. Imagina a la persona a la que quieres infligir este castigo. Siente cómo se estrecha tu agarre a medida que aumenta tu ira. Cuando sientas que has alcanzado el punto álgido de tu rabia, di la palabra *"¡Suelta!"* en voz alta, imagina que la alegría explota fuera de su cuerpo y ve toda la energía viniendo hacia ti y hacia la piedra que tienes en la mano.

Cuando toda la energía haya quedado atrapada dentro de la piedra, lánzala en dirección opuesta a la luna o guarda la piedra para utilizarla más tarde. Cuanto más poderoso en las artes oscuras seas, más alegría podrás quitar de su alma. Realiza este ritual con moderación y sólo cuando sea absolutamente necesario, ya que puede agotar tus reservas de energía. Para deshacer el hechizo puedes romper la piedra o realizar un Ritual de Deshacer.

Piedra de Jinxing

Esta es una variación que he creado del último hechizo pero funciona con su suerte. Haz el mismo ritual pero antes de deshacerte de la piedra di lo siguiente.

"¡No reparto esta piedra, sino el bienestar y la fortuna de (Nombre), para que su prosperidad se aleje como el agua que corre y sus esfuerzos no vuelvan a dar fruto!".

Deshazte de la piedra sin miramientos.

Maldición del limón Poppet Maldición del dolor leve

No todos los males se merecen una pierna rota o la gripe, así que prueba este hechizo poppet en su lugar. Un poppet puede ser cualquier tipo de muñeco que puedas usar para enfocar tus intenciones y dirigir las fuerzas que se usan sobre los desprevenidos. Tu poppet puede ser cualquier cosa, desde una muñeca cosida a mano hasta una talla de jabón.

Necesitarás:

Poppet (muñeca efigie)

Coge la cápsula y sujétala con la mano dominante. Piensa en tu víctima mientras aprietas lentamente el muñeco. Cuando alcances el nivel de malevolencia que deseas imbuir en el muñeco, suéltalo y déjalo caer al suelo.

Recoge el obturador. Ahora está listo para ser utilizado para dañar a su objetivo.

Puedes hacerle cualquier cosa a esta poppet, desde golpearla en la pierna para causarle un pequeño moratón hasta estornudar sobre ella con la intención de resfriarla. El daño que podrás hacer con la magia de la marioneta está directamente relacionado con tu habilidad en las artes oscuras y la cantidad de rabia que infundiste en la marioneta mientras pensabas en tu víctima. Puedes añadir velas e incienso a este ritual para aumentar su potencia. Mejorarás la potencia de todos tus hechizos a medida que continúes tu camino, pero este es un gran punto de partida para cualquiera que esté interesado en las artes oscuras.

Encuadernación por miedo

Este ritual sirve para evitar que un agresor te cause daño y puede impedir que sea capaz de maldecirte, hechizarte o embrujarte de alguna manera, atándolos con el miedo. Cuando empiecen sus conjuros, el terror se apoderará de ellos y cesará su malevolencia.

Necesitarás:

Efigie o muñeco

Hilo o cordón bastante largo

Ata la efigie (imagen/representación) de la persona al hilo; puedes atar el hilo alrededor de la efigie o fijarlo con cera, pegamento o cualquier otro aglutinante. Una vez fijada la efigie, di lo siguiente:

"Esta es la efigie de mi posible agresor.
Lo cuelgo de un solo hilo en un lugar sólo conocido por mí.
Llevará el miedo al corazón de mi agresor.
Estará atado de sus habilidades.
Su poder no es nada contra el mío.
El nudo que yo cree atará su voluntad.
Hasta que se rompe,
Que así sea".

Haz un nudo en el hilo para concluir el hechizo.

Puedes enterrar o esconder la efigie en cualquier lugar que desees, también puedes guardarla en un congelador para aislar completamente al objetivo de cualquier acción mágica. Puedes deshacer este ritual rompiendo la conexión entre el nudo y la efigie, simplemente cortando la cuerda entre ambos o destruyéndolo todo en una hoguera.

Hechizo de infertilidad

Lo contrario de un hechizo de fertilidad, este hechizo evitará que una persona quede embarazada.

Necesitarás:

Huevo crudo

Polvo de Goofer

Caldero/Cocina

Estufa/Fogón

Agua de mar

Prepara los ingredientes. Encontrarás las instrucciones para preparar el polvo goofer y el agua de mar en la sección de herramientas rituales del libro. Pon el agua de mar (la suficiente para hervir el huevo) en el caldero e incorpora el polvo pegajoso (aproximadamente una cucharada). Lleva el agua a ebullición y coloca el huevo dentro del caldero (no inhales los vapores del polvo/agua). Mientras el huevo hierve, di lo siguiente

"Aguas hirvientes y humos nocivos,
Sellar la capacidad de reproducción,
Su línea ha terminado su nombre está condenado,
Hasta que yo diga que se puede reanudar".

Cabe señalar que este ritual no debe ser utilizado como una alternativa al control de la natalidad como con todos los rituales mágicos no es 100% garantizado para tener éxito y la eficacia será determinada por sus niveles de poder personal, la experiencia y el enfoque / intenciones.

Para deshacer esta maldición basta con colocar un huevo fresco en un cuenco con agua de luna y decir lo siguiente.

"Lo que una vez tomé sé devolverlo,
Tu virilidad ya no está bajo ataque,
Adelante, fertilidad inculco,
Trae un hijo si esa es tu voluntad".

Para concluir estos hechizos, simplemente deshazte de los ingredientes de la forma que desees.

Ritual de la impotencia masculina

Se trata de un ritual japonés tradicional contra la infertilidad y la impotencia, destinado a eliminar la virilidad del hombre.

Necesitarás:
Talla de madera
Cuchillo de trinchar
Pozo de fuego

Utiliza el cuchillo para tallar la madera en forma de falo; si no puedes tallarlo tú mismo, puedes utilizar uno ya tallado.

Enciende el fuego en tu hoguera y coloca la talla en la hoguera. Deja que la madera arda durante unos minutos mientras te concentras en tu objetivo. No dejes que la talla se consuma por completo, ya que quieres que mantenga su forma. Apaga el fuego y deja que se enfríe. Una vez que el fuego y la talla se hayan enfriado por completo, retira con cuidado la talla y entiérrala para concluir el ritual.

Si deseas revertir este hechizo simplemente realiza "El Ritual de Deshacer" que se incluye en las primeras partes de este libro.

Encantamiento del mal de ojo

El mal de ojo es una habilidad ancestral conocida en casi todas las culturas del mundo. Este ritual imbuirá el poder del mal de ojo en un anillo para que puedas invocar sus poderes destructivos siempre que lo desees.

Necesitarás:
Ceniza (ceniza de incienso/ceniza de madera)
Anillo
Papel
Vela negra

Dibuja la runa Isa en tu papel con la ceniza. Coloca el anillo sobre el papel y enciende la vela negra. Di lo siguiente:

"Atë, hija de Eris, Reina del mal y la ruina.

Comparte conmigo tu don, para que pueda ayudarte en tu interminable búsqueda de destrucción".

Sujeta el anillo en el aire con la mano dominante y apaga la vela.

Con sólo llevar este anillo y mirar a una persona mientras concentras tu intención, puedes traerle miseria y desgracia. Ten cuidado con su uso, ya que has creado un poderoso artefacto que ha sido bendecido por la diosa Atë con poderes de ruina y caos. Lleva este anillo sólo cuando desees lanzar el mal de ojo para evitar el lanzamiento accidental de intenciones.

Los huesos de la ira

Este hechizo infundirá depresión e ira en el corazón de la víctima utilizando una campana y huesos de pollo secos.

Cuando estés listo para lanzar esta maldición, enfurecete. Como se ha dicho antes, esto aumentara la potencia del hechizo. Durante el lanzamiento del hechizo cuando dice, *"con estos huesos ahora aplasto",* usa tus pies para moler los huesos en el suelo como si fueran tu enemigo.

Toca el timbre 3 veces y di lo siguiente:

"¡Lyssa, Dama de la Furia! ¡Préstame tu furia para que podamos aplastar a mi oposición!"

Cuando sientas la presencia de Lyssa di lo siguiente:

"Huesos de furia, convertíos en polvo,
Lleno de ira, la venganza es justa.
Aplasto estos huesos, estos huesos de rabia,
Toma a mi enemigo, tráele dolor.
Ahora veo a mi enemigo ante mí.
Los ato, los destruyo, los derribo.
Con estos huesos que sí aplasto.
Haz que mi enemigo se convierta en polvo,
Tormento, angustia, fuera de control,
Con este maleficio maldigo su alma.
Que así sea".

Succubae's Lament (Invasión del sueño)

Los súcubos son espíritus que invaden los sueños de las personas. Son entidades traviesas y caóticas, lo que las convierte en las principales candidatas para ser explotadas mediante rituales oscuros. Para influir en un súcubo, necesitas tener tus intenciones muy claras en tu mente. Puedes enviar a un súcubo a construir cualquier tipo de sueño, y lo que haga vendrá determinado por tus intenciones y la "canción" que le cantes.

Lo mejor es que escribas tu propia canción y la adaptes a tus necesidades, pero aquí tienes una que te servirá para la mayoría de las ocasiones:

"Succubae", "Succubae",
oye mi canción y escucha mis gritos.
La persona que amo está tan lejos,
pero en sus pensamientos, deseo quedarme.
Búscalo en lo alto y búscalo en lo bajo,
llena sus sueños de pasión, ¡vamos!"

Después de cantar esto, túmbate en la cama y concéntrate exactamente en cómo quieres que sea el sueño. Los humanos no suelen invocar a los succubos, y es probable que estén más que encantados de ayudarte con tu invasivo paisaje onírico.

Convocar una tormenta

Necesitarás:

Altar

Vela azul

Cáliz de agua

No necesitas una ocarina para invocar una tormenta, ¡puedes hacerlo con magia! Algunos consideran que trabajar con el tiempo es un arte oscuro, ya que sus consecuencias pueden afectar negativamente a los demás. Por ejemplo, podrías crear una tormenta y provocar sin querer que alguien naufrague y si albergas enemistad y rabia hacia una persona podría caerle un rayo si está en el radio de acción de la tormenta.

Si estás creando una tormenta sin intención de dañar a nadie, es muy importante que despejes tu mente de toda ira hacia alguien. Si tu intención es utilizar la tormenta para dañar a alguien, concéntrate en la persona a la que deseas dañar con la tormenta. Ten en cuenta que controlar una tormenta una vez invocada es extremadamente difícil y sólo deberías intentarlo si estás muy seguro de tu capacidad.

Enciende una vela azul sobre tu altar y medita sobre tus intenciones y el lugar deseado para la tormenta. Mientras miras fijamente a la luz de la vela, canta lo siguiente:

"Invoco a los vientos del Norte,
Despierta de tu letargo,
Drena las aguas de la tierra y hazlas descender en sábanas de agonía".

Lanza el agua del cáliz al aire para que caiga sobre la tierra; si realizas este ritual en un lugar cerrado, puedes arrojar el agua por una ventana. Apaga la vela para concluir el ritual.

Prosperidad financiera

Este es un hechizo de riqueza que esta diseñado para darte la fuerza y confianza que necesitas para alcanzar el exito, mientras que tambien le pides a los dioses que te envien oportunidades y te muestren el camino para alcanzar tus metas.

Necesitarás:

Incienso de salvia o jazmín

Vela amarilla y verde

Algo que represente a tu dios/diosa

Enciende las velas de tu altar a ambos lados de tu representación y di lo siguiente:

"Día a día, me consumo,
No hay tiempo para esperar, no puedo retrasarlo,
Concédeme la fuerza para elevarme,
Envíame oportunidades y riqueza".

Cierra los ojos, visualiza tus éxitos futuros y medita sobre cómo vas a conseguir tus objetivos. Cuando estés listo para terminar el ritual, da las gracias a tu dios/diosa y sopla las velas.

Tres noches de infierno

Necesitarás:

Efigie

Vela negra

Altar

Este es un hechizo clásico que he adaptado para atormentar a una persona con dolor durante tres noches. Rara vez acaba en heridas graves y suele utilizarse para advertir a tus enemigos y exhibir tu poder.

Enciende la vela en el altar e inclínala para que la cera gotee sobre la efigie. Mientras la cera gotea, imagina que causa llagas y dolor a tu víctima. Mientras haces esto, di lo siguiente:

"Mientras lanzo este oscuro hechizo
Trae a mi enemigo tres noches de infierno
Vela negra, negra como la noche
¡Traedles dolor y traedles miedo!
Lesiones en su cuerpo crecen
Afligirlos con un golpe odioso
Las llagas y el dolor los consumen ahora
Durante tres noches no sabrán cómo
Reyes de las tinieblas, duques del infierno
Aplasta a mi enemigo, el tiempo lo dirá
Cuando hayan pasado tres noches
Haz que se recupere, que se recupere por fin".

Permanece un momento en silencio imaginando que una fuerza malévola se abate sobre tu enemigo; una vez hecho esto, apaga la vela para concluir el ritual.

Ayudar a ganar un juicio

Este es un ritual hoodoo que utiliza High John the Conqueror Root (Ipomoea Jalapa raíz), esta raíz se ha utilizado durante generaciones para ayudar a ganar los casos judiciales, puede utilizar la raíz real o un aceite derivado de ella para este hechizo.

Necesitarás:
Juan El Conquistador Raíz/Aceite
Zapatos de salón
Salmo 35 (opcional)

Durante siete días, cada noche antes de tu comparecencia ante el tribunal, coge la raíz y colócala en tu zapato antes de irte a la cama, si estás usando aceite pon un poco del aceite en un trozo de tela/toalla de papel y colócalo dentro del zapato. Cuando te despiertes retira la raíz/aceite y haz lo mismo antes de acostarte la noche siguiente. Asegúrate de hacer esto todas las noches durante siete días antes de la fecha en que debes comparecer ante el tribunal.

(opcional) En la mañana de tu cita en la corte di el Salmo 35 mientras quitas la raíz por última vez, no necesitas ser un cristiano/judío practicante para este paso, funcionará de todas formas ya que toca algo más profundo que las percepciones mundanas de la religión Abrahámica.

Salmo 35

1 Contende, Señor, con los que contienden conmigo;
   lucha contra los que luchan contra mí.
2 Coge escudo y armadura;
   levántate y ven en mi ayuda.
3 Blandir lanza y jabalina[a]
   contra los que me persiguen.
Dime,
   "Yo soy tu salvación".

4 Que los que buscan mi vida
   ser deshonrado y avergonzado;
que los que traman mi ruina
   retroceder consternado.
5 Que sean como paja ante el viento,
   con el ángel del Señor ahuyentándolos;
6 que su camino sea oscuro y resbaladizo,
   con el ángel del Señor persiguiéndolos.

7 Desde que escondieron su red para mí sin causa
   y sin causa cavó una fosa para mí,
8 que la ruina los sorprenda...
   que la red que escondieron los enrede,
   que caigan en la fosa, para su ruina.
9 Entonces mi alma se alegrará en el Señor
   y deleitarse en su salvación.

10 Todo mi ser exclamará,

"¿Quién es como tú, Señor?

Rescatas a los pobres de aquellos que son demasiado fuertes para ellos,

a los pobres y necesitados de quienes les roban".

11 Testigos despiadados se presentan;

me interrogan sobre cosas de las que no sé nada.

12 Me pagan mal por bien

y dejarme como un desconsolado.

13 Sin embargo, cuando estaban enfermos, me vestí de cilicio

y me humillé con el ayuno.

Cuando mis oraciones volvieron a mí sin respuesta,

14 Anduve de luto

como para mi amigo o hermano.

Incliné la cabeza apenado

como si llorara por mi madre.

15 Pero cuando tropecé, se reunieron alborozados;

asaltantes se reunieron contra mí sin mi conocimiento.

Me calumniaron sin cesar.

16 Como los impíos se burlaron maliciosamente;[b]

me rechinaron los dientes.

17 ¿Hasta cuándo, Señor, mirarás?

Rescátame de sus estragos,

mi preciosa vida de estos leones.

18 Te daré gracias en la gran asamblea;

entre la multitud te alabaré.

19 No dejes que se regodeen en mí
  que son mis enemigos sin causa;
no dejes que los que me odian sin razón
  guiñar maliciosamente el ojo.
20 No hablan pacíficamente,
  sino inventar falsas acusaciones
  contra los que viven tranquilos en la tierra.
21 Se burlan de mí y dicen: "¡Ajá! ¡Ajá!
  Con nuestros propios ojos lo hemos visto".

22 Señor, tú lo has visto; no calles.
  No te alejes de mí, Señor.
23 ¡Despierta y levántate en mi defensa!
  Contended por mí, mi Dios y Señor.
24 Reivindícame en tu justicia, Señor, Dios mío;
  no dejes que se regodeen en mí.
25 Que no piensen: "¡Ajá, justo lo que queríamos!".
  o decir: "Nos lo hemos tragado".

26 Que todos los que se regodean en mi angustia
  se avergüence y se confunda;
que todos los que se exaltan sobre mí
  será vestido con vergüenza y deshonra.
27 Que los que se deleitan en mi vindicación
  gritar de alegría y de gozo;
que digan siempre: "Enaltecido sea el Señor,
  que se deleita en el bienestar de su siervo".

28 Mi lengua proclamará tu justicia,

tus alabanzas todo el día.

Ritual de la culpa

Algunas personas no se sienten culpables por las cosas horribles que han hecho y este hechizo les obligará a reconocer sus acciones, sentirán un dolor punzante en el costado a medida que la culpa aumenta y crece y como su malestar se vuelve demasiado para soportar que tratarán de arrepentirse de sus acciones.

Necesitarás:
3 Clavos pequeños
Bolsa pequeña
Papel
Bolígrafo/lápiz

Coge el papel y escribe el nombre del objetivo y "CULPA" sobre el nombre de la persona. Dobla el papel y colócalo dentro de la bolsa. Ahora coloca cada uña una a la vez en la bolsa, mientras las colocas en la bolsa visualiza cada uña pegando a la persona en el costado y ve como la culpa por lo que ha hecho la baña.

Para deshacer este hechizo y liberarles de la culpa y el tormento constantes que sentirán, basta con sacar los clavos de la bolsa.

Amor truncado

Este poderoso hechizo matrimonial traerá caos y conflictos a la relación de una pareja. Aunque tradicionalmente la intención del hechizo es arruinar un matrimonio, este ritual puede afectar a cualquier tipo de relación.

Necesitarás:
4 velas negras
Foto de las víctimas
Aceite
Marcador rojo
Martillo y clavos
Bloque de madera

Unge las velas con el aceite mientras estableces tu intención. Visualiza la destrucción que pretendes causar, cuanto más tiempo medites en ello más poderoso será el maleficio.

Dibuja un corazón en el pecho y la cabeza de una persona del dibujo y colócala sobre el bloque de madera. Clava un clavo en el pecho y di lo siguiente:

"Con este clavo atravieso tu corazón
pronto vuestro amor seguramente se separará".

Haz lo mismo pero esta vez dando en el clavo y di lo siguiente:

"Con este clavo atravieso tu mente
locura que seguramente encontrarás".

Coloca las velas negras alrededor del cuadro, correspondiendo al norte, sur, este y oeste. Asegúrate de que la cera de las velas pueda gotear sobre el cuadro. Enciende las velas y medita sobre todas las cosas negativas que asaltarán a la pareja mientras la cera gotea sobre el cuadro. Cuando sientas que has infundido suficiente poder de odio en este hechizo recita lo siguiente:

"Señores de las Tinieblas, Demonios de la Noche
Trae este hexágono en pleno vuelo.
Acaba ya con el lazo que tengo ante mí,
Trae su destrucción, derríbalos.
Tomar su matrimonio y romperlo,
Tráeles el caos, atraviesa sus corazones.
Haz pedazos su amor tan fino,
Lo que hay se va, ahora es el momento.
Nunca más volverán a estar juntos,
Su felicidad ahora será cortada.
Cuando su amor, comienza a sofocar,
Cada uno querrá acabar con el otro.
Ya no serán como uno solo,
Tu matrimonio se acabó, ¡lo hecho, hecho está!
Señores de las Tinieblas, Demonios de la Noche,
¡Traigan esta Maldición, ahora a volar!"

Cuando te deshagas de las cosas usadas en este hechizo hazlo tan poco ceremonioso y sin valor como la relación que has destruido.

Discordia y oscuridad

Esta maldición del nudo traerá el caos a la vida de alguien que te haya hecho daño. Nada parecerá irle bien y caerá en una gran desesperación.

Necesitarás:

Pieza larga de hilo

Necesitarás un trozo de hilo (o cualquier cuerda o cordel grueso) de al menos diez pulgadas de largo. Recita las tres partes siguientes y haz un nudo mientras dices cada una.

Primer nudo:
"Con este nudo sello este maleficio,
No dormirás, no descansarás.
Nudo de lucha, nudo de odio,
La discordia te trae este oscuro destino "

Segundo nudo:
"Este nudo que hago, ahora hace dos,
Trayendo angustia sobre ti,
Tristeza, pérdida y también maldad.

Trayendo la oscuridad recta y verdadera. "

Tercer nudo:
> *"Con el tercero, sí me ato,*
> *Creando el caos en tu mente,*
> *Maleficio de ira, maleficio de odio,*
> *Derrumbándose, no puedo esperar"*

Mientras realizas este ritual es imprescindible que mantengas la concentración y dirijas tu rabia adecuadamente. Si decides romper este maleficio, quema la cuerda con la llama de una vela blanca.

La maldición de la calvicie

Esta maldición hará que el cabello de una persona comience a debilitarse gradualmente.

Necesitarás:
Papel y lápiz
Tijeras
Pozo de fuego (o cuenco ignífugo para quemar el papel)
Runa Hagalaz

"Hagalaz Rune-Runa de la Destrucción"

Haz un dibujo en papel del objetivo, no tiene que ser muy bonito, basta con una figura de palo. Asegúrate de dibujar la figura con pelo. Ahora dibuja la runa Hagalaz sobre el dibujo que acabas de hacer. Coge las tijeras y recorta la figura del papel dejando atrás el pelo, coloca la figura que acabas de recortar a un lado y coge el resto del papel que todavía tiene el pelo y échalo en tu hoguera (o préndele fuego dentro de un cuenco/caldero a prueba de fuego en una zona bien ventilada). Mientras el papel arde, visualiza tu objetivo y di lo siguiente:

"La belleza se desvanece, el glamour muere,
Y también tu fuente de orgullo,
Uno a uno se te caerá el pelo,
Tu interior revelado a todos".

Una vez que el fuego se haya enfriado por completo, coge algunas de las cenizas y lánzalas al viento para concluir el hechizo.

Corazones destrozados Parte 1

Este es un ritual que se puede hacer en dos partes, la primera es para disolver la relación de pareja y la segunda es para atraer a uno de los objetivos del primer ritual.

Necesitarás:

2 corazones recortados de tela

Aguja e hilo

Marcador/pintura

Vela roja y negra

Escribe los nombres de los novios, uno en cada corazón. Cose los corazones, basta con unas puntadas. Enciende las velas y di lo siguiente:

"Lo que se ha juntado,
Pronto puede desgarrarse,
Las estrellas se alinean, pero se desvanecen con el tiempo,
Y entonces partirás".

Rompe los corazones y apaga la vela.

Corazones destrozados Parte 2

Coge el corazón dañado de la persona que quieres atraer y colócalo en un cuenco con agua de mar y di lo siguiente:

"Sé que puedes sentirte rota,
He venido a reparar tu corazón,
Con la oscuridad huyó, hasta su muerte,
Siempre haré mi parte".

Retira el corazón y ponlo a secar en un lugar seguro. Este hechizo permanecerá en efecto hasta que el corazón sea limpiado y destruido. Para ello, quema el corazón con la llama de una vela blanca.

Muñeca del Dolor

Necesitarás:
3 Velas negras
Poppet (muñeca)
Alfileres/cuchillas

Esta es mi versión de un ritual vudú clásico. La alfombra y los alfileres se utilizan mientras utilizas tu ira y odio para establecer una conexión con el objetivo, provocando un dolor inmediato e intenso.

Enciende tres velas negras en tu altar mientras te enfureces. Coge un muñeco que represente a tu víctima y pínchalo con un alfiler o un cuchillo mientras imaginas que el dolor recorre su cuerpo. Mientras perforas el muñeco, recita lo siguiente:

"Herido, golpeado, maltratado y desgarrado,
Te apuñalo con todo mi desprecio
Sufre ahora no puedo esperar
Con esto sellaré tu destino
Alfileres tan afilados y de acero
Te golpeo, esta marca sentirás
Golpeada, maltratada y desgarrada
Ahora te maldigo, ¡ha nacido tu dolor!"

Retira los alfileres del muñeco y apaga las velas para concluir el ritual. Puedes conservar el muñeco para limpiarlo y reutilizarlo, enterrarlo en la tierra o meterlo en el congelador para evitar que el objetivo te devuelva el golpe.

El maleficio de Carman

Una vez conocí a una sabia anciana irlandesa que me habló de un hechizo casual que ella conocía y que yo garabateé rápidamente en mi Libro de las Sombras.

"Sillas, mesas, cuchillos, tenedores,
Jarras, botellas, copas y corchos,
Platos, camas, botas y barril,
Bacon, pudding, leche y huevo,
Cada almohada, sábana y cama
La masa en la artesa y el pan cocido,
Cada pedacito de provisión en el estante, ¡y todo lo que te quedará será la casa misma!"

Vanidad y locura

Este es un hechizo creado pensando en los vanidosos. Al lanzarlo con éxito, la víctima se sentirá abrumada por una sensación de fealdad abominable. Cuando se miren al espejo, descubriran que ya no aman la imagen que ven, y sus defectos quedaran para siempre resaltados en sus mentes y corazones.

Necesitarás:
Algo de la víctima
Efigie inflamable
Caldero ignífugo
Vela negra

Coge algo que pertenezca a la víctima, como el pelo, un recorte de uñas o incluso un lápiz que le pertenezca serviría, si no puedes adquirir nada así puedes utilizar una foto suya. Escribe las palabras "Amor propio" en la efigie con un rotulador negro o pintura. Coloca todo esto en un caldero ignífugo, en un lugar bien ventilado, y prende fuego a la efigie con una vela negra. Mientras el fuego arde, recita lo siguiente:

"(Nombre de la persona) que ahora veo,
se volverá loco de vanidad.
Se verán a sí mismos como los demás,
toda la buena apariencia se ha ido de ti.
Lo que fue no es y ahora es verdad,
toda tu belleza huye de ti.
Te miras en el espejo, a ti mismo a tender,
tu belleza conjurada ha llegado a su fin.
Tu horrible ego está ahora roto,
te volverás loco en esa misma ficha.
Te quito todo esto,
por todas las cosas que haces.
Una vez pensaste que eras genial,
Te traigo para que conozcas tu destino.
En tu mente te volverás loco, la vanidad es ahora tu dolor".

Una vez frío, coge algunas de las cenizas del caldero y espárcelas cerca de la víctima; también puedes salir al exterior y arrojar las cenizas en su dirección.

Pentáculo de pimienta

Este es un simple hechizo de mala suerte utilizando el poder del pentaculo y la pimienta. Su víctima experimentará mala suerte hasta que se deshaga el hechizo.

Necesitarás:
Papel
Bolígrafo
Pimienta negra
Vela negra

Dibuja un pentáculo (imagen superior) en el papel y escribe el nombre de la víctima en el centro. Espolvorea pimienta alrededor del exterior del pentáculo.

Enciende la vela y colócala sobre el pentáculo. Deja que la cera gotee hasta cubrir todo el nombre de la persona. Si deseas deshacer esta maldición puedes quemar el papel en las llamas de una vela blanca.

Congelado en el tiempo

Este ritual detiene el avance de una persona, ya sea en el trabajo, en una relación o en cualquier otra cosa en la que concentres tu intención.

Necesitarás:

Poppit (muñeca o efigie)

Caja lo suficientemente grande para que quepa el poppit

Runa Isa

Pintura (también sirve un rotulador)

Un trozo largo de hilo (o cuerda/cinta)

"Runa Isa"

Prepara tu espacio ritual y coloca tu poppit ante ti, mantén tu atención en el poppit y ve a tu víctima prevista y al poppit como uno en el mismo. Mantén tus pensamientos en la persona y visualiza su estancamiento y fracaso. Después de un minuto de concentrarte en esto toma tu pintura y marca el muñeco con la runa Isa y di lo siguiente:

"Congelado en el tiempo veo el final,
De todas las cosas que has hecho para ganar,
Se llega a un punto muerto y se detiene el progreso,
Ya no serás exaltado".

Coloca el poppit en la caja y ciérrala, enrolla el hilo alrededor de la caja y átala con un nudo doble. Con esto concluye el ritual, ahora puedes coger la caja y esconderla en algún lugar, puede ser debajo de una cama, en un armario o enterrada bajo tierra.

Para romper este hechizo debes cortar la cuerda y sacar el poppit de la caja.

Hechizo del tarro "Devolver al remitente

Con este ritual estarás creando un frasco mágico que está diseñado para atraer todas las energías que se envían desde una persona específica y enviar esa energía de vuelta a ellos resultando en cualquier maldición / hechizo que están tratando de lanzar sobre ti siendo infligido de nuevo a ellos.

Necesitarás:

Tarro de cristal (con tapa)

Espejo pequeño

Uñas

Pimienta (negra o roja)

Vela

Despeja tu mente y concéntrate en la persona a la que quieres proteger/atacar con el tarro. Mientras sigues concentrándote en la persona, coloca los clavos y la pimienta en el tarro de uno en uno. A continuación coge el espejo y colócalo dentro del tarro, si el espejo es demasiado grande para caber en el tarro puedes colocarlo dentro de una toalla y romper un trozo pequeño, cualquier tamaño servirá (ten cuidado de no cortarte con el espejo roto, si haces esto te sugiero que lleves guantes y protección para los ojos por si acaso). Una vez que hayas colocado todos los objetos en el tarro pon la tapa y coloca la vela encima del tarro y di lo siguiente:

"Espejo, espejo protege este lugar,
De energías maliciosas pero no borres,
Devuélvelo de donde vino,
Redirige directamente a este nombre: (di el nombre de la persona 3 veces)".

Enciende la vela y deja que se funda hasta que cubra el lateral del tarro y apaga la vela. A continuación, puede colocar el frasco en un lugar seguro en su casa. También puedes hacer este hechizo con un tarro pequeño y llevarlo contigo para protegerte fuera de casa.

Ritual del Cristal de Absorción de Poder

La Turmalina Negra se utiliza generalmente para absorber y neutralizar/negar energías negativas y maliciosas, pero podemos utilizar la función de este cristal aprovechando estas energías para nuestras propias reservas de energía y liberarlas como parte de nuestro trabajo ritual.

Necesitarás:
Cristal de turmalina negra
Cristal de cuarzo

Sostén el cristal en tu mano dominante y siente todas y cada una de las partes de la piedra. Tómese unos minutos para familiarizarse con la forma y los detalles, sienta el peso y la firmeza del cristal. Después de hacer esto, visualice el flujo de energías que entran en él, vea las olas que fluyen y refluyen hacia el cristal. Agarre el cristal con fuerza y ordénele que dirija esas energías hacia su mano, vea y sienta estas energías entrando en su palma pero sin extenderse al resto de su cuerpo. Sienta el cristal de turmalina mientras mantienes la concentración en las energías que has recogido de él y coge el cristal de cuarzo. Con la misma mano agarra firmemente el cristal de cuarzo y libera la energía en el cuarzo concentrándote/visualizando las energías que fluyen de tu mano en el cuarzo.

Esto concluye el ritual, el cristal de cuarzo ha sido cargado con energías negativas que ahora puede utilizar como multiplicador de fuerza en cualquier magia oscura. Usted puede incorporar este cristal de cuarzo en cualquiera de los rituales en este libro o cualquiera que cree usted mismo simplemente colocando la piedra en su área ritual mientras realiza un hechizo, sólo asegúrese de estar atento al cristal mientras lanza para asegurarse de que está prestando sus reservas de energía a su ritual, puede hacer esto visualizando el poder que fluye en su espacio ritual mientras lanza su intención.

Ruina financiera

Este ritual actua para causar a una persona (o negocio) dificultades financieras. Usaremos fuego para este hechizo así que asegúrate de tener un lugar seguro como un caldero a prueba de fuego o un pozo de fuego para llevar a cabo este ritual.

Necesitarás:

Caldero (o pozo de fuego)

Hojas secas

Varias monedas

Papel y bolígrafo

Bolsa pequeña/Sachet

Coloca suficientes hojas en el caldero/pozo como para encender un pequeño fuego. Coloca las monedas encima de las hojas para asegurarte de que queden envueltas por las llamas cuando les prendas fuego. Escribe el nombre de la persona o entidad en el papel y colócalo encima de las monedas.

Visualiza a tu objetivo como el fracaso que deseas que sea, concéntrate en la caída de su principal fuente de ingresos y visualízalo sin un céntimo y en la indigencia. Una vez que tengas una visión completa de lo que va a ser de ellos, prende fuego a las hojas. Espera aproximadamente una hora después de que el fuego se haya consumido, coge las monedas, métela en tu bolsa y dibuja un signo de dinero en la bolsa con una línea que la atraviese. Con esto concluye el ritual.

Para deshacer este ritual puedes quitar las monedas y enjuagarlas en agua salada con la intención de deshacer el hechizo.

Cosecha fallida (sal de la tierra)

Rituales como este se usaban tradicionalmente para hacer exactamente lo que dice el hechizo, hacer que la cosecha de una persona fracasara, que los campos no produjeran y que el sustento de los granjeros se arruinara. Dicho esto, este ritual tambien puede ser usado para asegurar que cualquier proyecto o esfuerzo que sea tomado por el objetivo fracasara.

Necesitarás:

Sal

Suciedad

Cuenco/Caldero/Vasija para la tierra

Vela negra o marrón

Prepara tu espacio colocando la tierra dentro del recipiente y colocando tu vela para que pueda encenderse durante el ritual. Despeja tu mente y concéntrate en el objetivo y en el proyecto que deseas que fracase. Con el dedo o con una varita escribe la primera letra del nombre del objetivo en la tierra con el dedo o con la varita. Toma una cucharada de sal y espolvoréala sobre la tierra mientras dices lo siguiente:

"Salo la tierra ante mis enemigos,
Así no crecerá ni la mala hierba".

Enciende la vela y sujétala de forma que la cera gotee sobre la tierra, cuando la cera empiece a gotear di lo siguiente.

"Como la cera se endurece en la tierra estéril,
No se encontrarán los frutos de su trabajo,
Marchito y encogido, desolado y sombrío,
No encontrarás el crecimiento que buscas".

Con esto concluye el ritual, puedes deshacerte de la suciedad de la forma que desees. Para deshacer este hechizo necesitarás realizar el Ritual de Deshacer.

Haz callar a tus enemigos

Este es un ritual clásico de Hoodoo/Santería que implica el uso de una lengua de vaca para evitar que la gente hable mal de ti, esto también puede evitar que te hagan magia a ti o a tu familia y amigos.

Necesitarás:

Lengua de vaca (se puede encontrar en cualquier carnicería)

9 pies de hilo negro

9 Clavos/alfileres

Papel

Whisky

Vela negra

Cuchillo afilado

Pimienta (cualquier tipo sirve)

Coloca la lengua de vaca sobre un plato, ya que vas a ensuciar bastante. Enciende la vela y vierte un poco de whisky sobre la lengua de vaca para prepararla para el ritual. Escribe en el papel el nombre o nombres de la persona a la que quieres silenciar. Coge el cuchillo y haz un corte en el centro de la lengua, deja un poco de tejido conectado a cada lado para que la lengua no esté completamente cortada, no cortarás toda la lengua, sólo lo suficiente para que puedas colocar el papel y la pimienta dentro. Espolvorea la pimienta por toda la lengua y asegúrate de que una parte llega hasta la hendidura y, a continuación, coloca también el papel en la hendidura.

Ahora toma el hilo y enfoca tus intenciones, visualiza al objetivo siendo silenciado, ve sus labios sellados mientras envuelves el hilo alrededor de la lengua, ata el hilo alrededor de la lengua sellando la hendidura. Continúa concentrándote en tu intención de silenciar a tu enemigo mientras insertas los clavos/alfileres en la lengua. Ahora coge tu vela y deja que gotee a lo largo de la hendidura sellándola aún más.

Con esto concluye el ritual, ahora puedes deshacerte de los materiales de la forma que desees, si es posible lo mejor es enterrarlos.

La mirada de la ansiedad

Este es un hechizo de tarro que hará que alguien se sienta como si estuviera siendo observado constantemente creando una sensación de ansiedad e inquietud.

Necesitarás:

Tarro pequeño con tapa

Vela (cualquier color)

Papel

Bolígrafo, lápiz, rotuladores o ceras de colores

Tijeras

Coge tu papel y dibuja siete ojos, puedes colorear o dibujar estos ojos de la forma que desees, utiliza tus tijeras para recortar los siete ojos. Abre tu frasco y coloca los ojos uno por uno y luego di lo siguiente.

"Esta mirada constante te dejará temblando,
Miradas incómodas te tiemblan las rodillas,
Nunca sola, mientras me plazca,
Estarás inquieto".

Tapa el tarro y enciende la vela, deja que la cera gotee por la parte superior de la tapa hasta que empiece a gotear por el lateral del tarro. A medida que la cera gotea, visualiza los ojos que buscan a tu objetivo, míralos fijamente y juzgándolos. Apaga la vela para concluir el ritual.

Hechizo de la verdad

Este es un hechizo que esta diseñado para hacer que alguien diga la verdad. Antes de llevar a cabo este ritual ten en cuenta que no todas las verdades necesitan ser escuchadas, siempre y cuando estés preparado para las consecuencias de la verdad brutal este hechizo puede ser muy eficaz, cualquier duda podría causar que el ritual falle, que es lo mismo para la mayoría de los rituales, pero más aún con un hechizo de la verdad, ya que inadvertidamente podría causar que la persona mienta si eso es lo que realmente quieres mientras lanzas este hechizo.

Necesitarás:

Salvia seca

Vela blanca

Plato o cuenco

Coloca el plato en tu zona ritual y desmenuza la salvia y colócala en el centro del plato formando un montón. Enciende la vela, deja caer una gota de cera sobre la salvia y di lo siguiente:

"Dígase la verdad y malditas sean las mentiras,
Honestidad tan audaz y grandiosa,
Dime lo que necesito oír,
Las falsedades se derriten".

Apaga la vela y saca las hierbas al exterior, concéntrate en el objetivo del hechizo y míralo con los ojos de tu mente, lánzalo al viento y di lo siguiente:

"Espíritus del viento os pido que llevéis esta magia,
Lleva esta magia a quien deseo encantar,
Para que sólo me digan la verdad,
Hasta que los libere, benditos sean".

Si deseas deshacer este encantamiento enciende la misma vela que utilizaste para el hechizo y di lo siguiente:

"A ti te devuelvo tu agencia,
Habla lo que quieras, ¡tu libertad es tuya!".

Apaga la vela para concluir el deshecho.

Piedra bruja de la clarividencia

Las piedras brujas, también llamadas piedras bruja o piedras víbora, son rocas que se encuentran en los lechos de los ríos o en las orillas de las playas y que tienen un agujero causado por la intemperie. Los marineros las clavaban en sus barcos para protegerse de las tormentas, se hacían collares con ellas para proteger a los viajeros y se sabe que son un método eficaz para ahuyentar a los espíritus malignos y a las hadas. Las utilizaremos para ver las verdaderas intenciones de una persona y detectar si alguien está diciendo la verdad.

Necesitarás:

Piedra bruja

Para adivinar si una persona está siendo sincera simplemente sostenga su piedra y mírela a través del agujero, podrá sentir si la persona está siendo sincera o no. Esto también sirve para ver si las intenciones de una persona son buenas o malévolas. También hay que tener en cuenta que las piedras de bruja son poderosos guardianes de maldiciones, así que ten tu piedra siempre contigo, especialmente si crees que puedes ser el objetivo de una bruja rival.

Maldición de Obsidiana

Se trata de un simple hechizo para dar mala suerte a una persona, eliminando cualquier fortuna que pudiera tener.

Necesitarás:

2 Piedras de obsidiana (cualquier piedra negra sirve)
Vela negra

Prepara tu espacio ritual y enciende la vela. Sostén una piedra en cada mano, visualiza tu objetivo y di lo siguiente:

"Tu fortuna ha llegado a su fin,
Este hechizo lo pongo sobre ti,
Tu suerte se ha acabado, agotada y estéril,
Te esperan tiempos oscuros".

Apaga la vela para concluir el ritual.

Para deshacer este ritual basta con sostener las piedras en cada mano una vez más y decir en voz alta mientras se piensa en el objetivo *"¡Te libero!"*.

Las Runas Futhark

Las Runas Futhark han sido especialmente importantes para mi propio camino. Siempre he sentido una estrecha conexión con estos antiguos símbolos y con los dioses que los otorgaron a la humanidad. Medito en las runas con frecuencia y las incluyo en gran parte de mis rituales. También son mi forma habitual de adivinación.

Cuenta la leyenda nórdica que el Todopoderoso Odín colgó de Yggdrasil, el Árbol del Mundo, durante nueve días y nueve noches, mirando fijamente al Pozo de Urd. Se había atravesado a sí mismo con su propia lanza para demostrar que era digno del conocimiento que poseían los Nornios. En la novena noche, las Runas se le revelaron y le concedieron todo el conocimiento que poseían. Los poderes de Odín se multiplicaron enormemente, convirtiéndolo en una de las entidades más poderosas del cosmos.

Estas runas pueden utilizarse en adivinación o aplicarse directamente a cualquier cosa para imbuirle las propiedades mágicas que representan. También pueden utilizarse junto a cualquier ritual para potenciar los poderes y energías de las fuerzas representadas por las runas.

Lanzamiento de runas

El lanzamiento de runas es un tipo de adivinación que utiliza runas, normalmente las Runas Futhark, para obtener información sobre nuestro pasado, presente y futuro. Las Runas Futhark son un antiguo alfabeto mágico dado a la humanidad por el dios Odín. Revisaré las Runas Futhark y sus significados más adelante en el libro.

La tirada de runas se realiza de forma similar a la del Tarot. Seleccionas al azar y colocas (lanzas) una, tres o más runas para obtener una visión de lo divino en relación con el pasado, el presente y el futuro.

Método de las Tres Norns

Este sencillo método para principiantes recibe su nombre de Las Tres Nornas, que son diosas nórdicas y las tejedoras del destino. El adivino extrae tres runas de una bolsa o caja y las coloca frente a él de una en una para revelar el pasado, el presente y el futuro en relación con la situación en cuestión. Se puede hacer una lectura general o preguntar sobre una situación concreta.

La primera colocación de la runa es "El lugar de Urd". La runa en esta posición revela los acontecimientos pasados que tienen una relación directa con la situación presente y forman la base de los acontecimientos futuros.

La segunda runa es "El lugar de Verdandi". Esta runa se refiere a la situación actual o a las decisiones que deben tomarse en un futuro muy próximo.

La tercera runa es "El lugar de Skuld". Esta runa se refiere al futuro velado. Esta posición puede revelar un aspecto de tu futuro y puede mostrar hacia dónde te llevará el camino en el que te encuentras actualmente.

Al realizar cualquier tipo de adivinación, sé preceptivo con lo divino. Estamos buscando su sabiduría, y ellos se conectan con nosotros y comparten sus conocimientos a través de las herramientas que utilizamos durante la adivinación. Antes de hacer la tirada, medita sobre la información que deseas recibir. Concéntrate en el aspecto específico de tu vida sobre el que buscas orientación. También es posible que desees hacer una ofrenda a tus dioses, diosas y antepasados y dar la bienvenida a su guía mientras buscas las respuestas que buscas.

Sea cual sea el método, tómate un tiempo después de la adivinación para meditar sobre la lectura que has recibido. Si estás confuso, pide claridad y sé perceptivo a las señales que puedas recibir. Me gusta llevar un diario de sueños para anotar cualquier percepción que pueda tener mientras sueño, porque las barreras entre nuestro reino y lo divino son muy finas en el paisaje onírico.

FEHU *(Ganado)*

Germánico: Fe (Fehu)
Gótico: Faihu
Nórdico: Fé
Anglosajón: Feo, Feoh
Islandés: Fé
Noruego: Fe

Fehu significa literalmente "ganado". Es un símbolo de riqueza, propiedad y prosperidad. Es la runa de la suerte y, como tal, tiene la capacidad de albergar la suerte y hacer uso de ella. Fehu tiene el poder de bendecir nuevos esfuerzos y ayudar a alcanzar nuevas metas. Aunque es una runa de riqueza, el hecho de que también esté directamente ligada a la suerte sugiere que se requiere una naturaleza altruista para hacer uso de su poder, ya que la suerte es el resultado de actos valientes. Fehu es una runa útil para realizar rituales relacionados con la riqueza, la suerte, el amor y la prosperidad.

Las piedras asociadas a esta runa son el ojo de tigre, la cornalina, el citrino y la aventurina.

128

ÜRUZ *(AUROCHS)*

Anglosajón: UR
Germánico: Uraz (Uruz)
Gótico: Urus
Nórdico: Úr
Anglosajón: Ur
Islandés: Úr
Noruego: Ur

Los uros eran una especie de bueyes salvajes que vivían en los bosques europeos hasta que fueron cazados hasta su extinción en el siglo XVII. Esta runa representa la semilla cósmica, los comienzos y los orígenes. Es de naturaleza masculina y da fuerza, resistencia y atletismo. Es una runa de coraje y audacia, libertad, rebelión e independencia. Ur representa el cuerno o el falo erecto, la resurrección, la vida después de la muerte, así como el venir, el ser y el morir.

Representa la transferencia de energías y se utiliza para proyectar o atraer energía. El uso repetido de la runa aumentará gradualmente las cantidades de energía que uno puede manejar en un momento dado y ayuda al crecimiento de las propias reservas de poder.

Las piedras asociadas a esta runa son el ágata, la epidota, el ágata de fuego y el diamante.

THURISAZ *(Giants/Thorn)*

Germánico: Thyth (Thurisaz)
Gótico: Thauris
Nórdico: Þurs
Anglosajón: þorn
Islandés: Þurs
Noruega: Jueves

Thurisaz representa a los Jotnar/Jötunn (gigantes) y es la runa de las fuerzas primigenias, la destrucción, el conflicto y las maldiciones. Thurisaz también rige la fabricación de herramientas, especialmente las de guerra. Utiliza esta runa para derribar barreras, destruir y transformar. El caos es la verdadera naturaleza de esta runa, y se necesita una voluntad y una mente fuertes para utilizarla correctamente. Esta runa puede utilizarse junto con otras runas y hechizos para cualquier propósito de manifestación. La runa en sí está construida para representar visualmente una espina, un símbolo fálico, ya que esta runa representa energías masculinas y puede ser utilizada en rituales de virilidad o impotencia. Esta runa es muy eficaz cuando se utiliza con una piedra de sangre y se utiliza en conjunción con hematita puede ser muy eficaz para desviar maldiciones.

Las piedras asociadas a esta runa son la piedra de sangre, la hematites, el cuarzo turbio, el ágata y la malaquita.

ANSUZ (Discurso)

Germánico: Aza (Ansuz)
Gótico: Ansus
Nórdico: Óss, Áss
Anglosajón: Aesc, (Os, Ac)
Islandés: Óss, Áss

Ansuz es una runa que hace referencia al habla y la comunicación. Se cree que la palabra "Ansuz" significa "boca", lo que se deduce del habla. La runa representa a Odín, el Padre Todopoderoso, y es una runa de la conciencia, el misticismo y la mente. Abre canales de autoexpresión y supera obstáculos de todo tipo. Puede utilizarse para iniciarse con Odín y ayuda a mejorar las capacidades psíquicas y mágicas.

Ansuz también sirve como representación del aliento, que puede referirse al espíritu. Esta runa es capaz de evocar la inspiración y la utilizan con frecuencia artistas y estudiantes de ocultismo. Se ha encontrado en muchos artefactos antiguos, principalmente báculos y anillos que se presume que han sido imbuidos con el poder de esta runa.

Esta runa puede tener muchas implicaciones prácticas, como rituales para tener más confianza en uno mismo y ser más franco. Incorpórala a un ritual para ayudarte con cualquier problema que puedas tener relacionado con el habla, ya sea miedo escénico o ansiedad ante gente nueva.

Las piedras asociadas a esta runa son el lapislázuli, la moldavita, el ópalo y la cianita.

RAIDHO *(Equitación)*

Germánico: Reda (Raidho)
Gótica: Raida
Nórdico: Reið, Reiðr
Anglosajón: Rad
Islandés: Reið
Noruego: Reid, Reidr

Raidho hace referencia a los viajes, el movimiento y los desplazamientos. Esta runa se utiliza para revelar la mejor manera de proceder en una situación dada y puede iluminar el mejor camino a tomar en nuestras vidas. En alemán "Rad" significa "rueda", que es de donde deriva el nombre de esta runa, y es también de donde proceden las palabras "camino" y "viaje". Además, la palabra islandesa para consejo es "Rada" y a partir de estos significados podemos suponer lo que esta runa representa.

La construcción de esta runa es una combinación de la runa Isa y una runa Sowilo invertida. La forma en zig-zag representa un viaje que cambia de dirección, moviéndose hacia abajo a lo largo del pentagrama de la runa. Al igual que Ansuz, Raidho se

133

utiliza para representar a Odín, que era conocido como El Errante y El Jinete. Es una runa de viajes, travesías y resistencia física, todo por lo que Odín era conocido. Se ha utilizado como amuleto para viajeros y como guía para los muertos en su viaje al más allá. Puedes crear tu propio amuleto grabando, dibujando o pintando esta runa en un trozo de madera o piedra. Raidho también puede incluirse en cualquier ritual relacionado con viajes o cambios.

Las piedras asociadas a esta runa son el ópalo, el cuarzo, la lolita (zafiro de agua), la ametrina, el ágata dendrítica y la cianita.

KENAZ (Antorcha)

Germánico: Chozma (Kenaz)
Gótico: Kaun
Nórdico: Kaun
Anglosajón: Cen, Ken
Islandés: Kaun
Noruego: Kaun

La runa Kenaz representa nuestra capacidad de aprovechar las fuerzas invisibles de la naturaleza para iluminar nuestro camino, nuestra capacidad de utilizar el mundo que nos rodea para obtener perspicacia, sabiduría y seguridad. Mientras que la runa Thurisaz representa las herramientas, esta runa representa lo que somos capaces de hacer con ellas. La antorcha que ilumina el camino ante nosotros y aporta claridad a nuestro pasado. Esta runa funciona muy bien en conjunción con Ansuz cuando se exploran las conexiones ancestrales y la iluminación. También es la runa de los misterios y el conocimiento femeninos y funciona maravillosamente en cualquier ritual que implique salud y empoderamiento femeninos.

Las piedras asociadas a esta runa son el ágata de fuego, el ópalo de fuego, el citrino, el granate, la piedra del sol rubí y el ámbar.

GEBO (Regalo)

Germánico: Geuua (Gebo) Gótico Giba

Nórdico: Gipt, Giöf

Anglosajón: Geofu (Gyfu)

Islandés: Gjöf

Noruego: Giof

Gebo es la runa del sacrificio y la entrega. Una representación de algo de valor personal dado libremente, como nuestra sangre cuando elegimos consagrar las runas de esta manera. Es una runa de iniciación, en la que hacemos sacrificios personales para obtener conocimiento, poder y sabiduría, como cuando Odín colgó de Yggdrasil durante 9 días para alcanzar el conocimiento.

El gebo puede utilizarse durante cualquier ceremonia o ritual relacionado con la armonía de una unión, como un contrato o un matrimonio. Gebo también se utiliza en magia sexual, ya que está profundamente ligado al intercambio de energías entre la pareja. Usada con la runa Isa, la combinación es poderosa para atar a los enemigos.

Las piedras asociadas a esta runa son la esmeralda y el jade.

WUNJO *(Alegría)*

Germánico: Uuinne (Wunjo)

Gótica: Winja

Nórdico: Vend

Anglosajón: Wynn

Islandés: Vin

Noruego: Wynn

Wunjo es la runa de la alegría, utilizada para unirnos a quienes queremos y para reforzar esos lazos. Es la runa de la armonía, la amistad, la comunidad y la familia. Wunjo tiene la capacidad de desterrar los obstáculos que fomentan la alienación y nos impiden crear vínculos. Utiliza Wunjo como protección para evitar las penas que te impedirían alcanzar tu máximo nivel de consciencia. La comunidad es la encarnación de esta runa y de todas las cosas que la componen: amor, confianza, salud y voluntad divina.

Wunjo se conoce comúnmente como la runa de la perfección y del deseo correcto. Podemos utilizar el poder de Wunjo para unir nuestros sueños a nuestras acciones y alcanzar nuestro máximo potencial.

Las piedras asociadas a esta runa son el topacio y el cuarzo transparente.

HAGALAZ *(Granizo)*

Germánico: Haal (Hagalaz) Gótico Hagl

Nórdico: Hagall

Anglosajón: Hægl

Islandés: Hagall

Noruego: Hagall, Hagl

Esta runa representa el granizo y el sacrificio involuntario sin recompensa. Es una runa de sufrimiento e injusticia. Una runa de destrucción, desastre y catástrofe. Esta runa se utiliza a menudo en magia negra, enviando destrucción en forma de cualquier runa e intención que se utilice con ella, provocando pérdidas violentas y dolor.

Aunque esta runa se utiliza normalmente por motivos dañinos, también puede servir para comprender lo que no podemos controlar. Simboliza el destino y puede utilizarse para comprender mejor nuestra naturaleza divina y la voluntad de los dioses. Utiliza esta runa junto con otras runas relevantes para descubrir lo que el destino tiene reservado para ti o para otros en tiempos difíciles. Por ejemplo, puedes conocer el resultado de las pruebas familiares combinando esta runa con Wunjo. Además, puedes intentar alterar el destino emparejando esta runa con Nauthiz y comunicándote con los Norns, que tienen poder sobre los destinos de la humanidad.

Las piedras asociadas a esta runa son el rubí, la aguamarina, el ónice y la casiterita.

NAUTHIZ (Necesidad)

Nombre germánico: Noicz (Nauthiz)
Nombre nórdico: Nauð, Nauðr
Nombre anglosajón: Nied (Nyd)
Nombre en islandés: Nauð
Nombre noruego: Naudr, Naud

Nauthiz es la runa de la resistencia, la voluntad y la fuerza mental necesarias para perdurar. Representa la noche oscura del alma y está conectada con la runa Hagl. Nauthiz puede utilizarse para realizar lo que necesitamos a pesar de lo que deseamos. Tiene la capacidad de dotarnos de la sabiduría necesaria para ver lo que hay que hacer en situaciones difíciles.

Cuando se utiliza en magia blanca, esta runa proporciona desafío y la fuerza para seguir adelante cuando toda esperanza parece perdida. Es una runa de supervivencia e intrepidez ante la muerte. Cuando se dirige a otra persona, esta runa puede dar la fuerza espiritual para seguir adelante y resistir ante el desastre.

Las piedras asociadas a esta runa son la obsidiana, la apatita, la cornalina y la azurita.

ISA (Hielo)

Germánico: Icz (Isa)
Eis gótica
Nórdico: Íss
Anglosajón: Is
Islandés: Íss
Noruega: Es

Isa es una runa de vinculación. Representa el sigilo y se utiliza en operaciones en las que se desea pasar desapercibido ante entidades espirituales o físicas.

En la naturaleza, el hielo se arrastra por la tierra, congelando e inmovilizando silenciosamente todo lo que encuentra a su paso, mientras los desprevenidos caen víctimas de él. Isa la runa de atar e impedir la acción por medios ocultos. Puede detener un plan e impedir que algo se desarrolle. Se utiliza para ocultar y puede hacer que la víctima no sea consciente de un desastre personal inminente hasta el punto de que cualquier acción que se intente llegará demasiado tarde. También se utiliza para impedir cualquier acción de una parte hostil conocida. Isa congela la acción y es la runa del frío, la quietud estéril y la muerte. Isa es el polo opuesto de Fehu, ya que Fehu es una runa de movimiento e Isa es una runa de atadura.

Esta runa es útil en la meditación, ya que actúa para aquietar la mente y favorecer la concentración, aportando calma y orientación. Isa actúa para calmar la histeria, la hiperactividad y la inquietud. A menudo utilizada en hechizos protectores para atar a un agresor, también ayuda a centrar la voluntad del operador. Utilizada con otras runas, actúa para ligar y escudar las energías y evitar que interactúen entre sí.

Las piedras asociadas a esta runa son la malaquita, la obsidiana, el cuarzo ahumado y el diamante.

JERA *(Año)*

Nombre germánico: Gaar (Jera)

Gótico: Jer

Nórdico: Ár

Anglosajón: Ger (Jara)

Islandés: Ár

Noruego: Jara, Ar

Jera es una runa de ciclos y simboliza la cosecha, en la que los esfuerzos de plantar y trabajar en el campo se ven recompensados con cosechas. Ar representa los ciclos de cambio, incluidos los ciclos vitales, los ciclos lunares y las estaciones. Jera contrasta con Isa, donde todo se detiene. Significa el regreso del Sol y trae la acción. Jera simboliza un vórtice de energía cíclica: la rueda óctuple de la vida, el punto dentro del círculo, que es el glifo del Sol, que significa regeneración. Jera puede provocar un cambio en la suerte personal. Al igual que la Rueda de la Fortuna del tarot, Jera puede invertir las circunstancias, de modo que la desgracia es sustituida por la suerte y viceversa.

Jera es la runa de la paciencia y la conciencia, que se mueve en armonía con los ciclos naturales. Es excelente para trabajar con la naturaleza y es una runa de fecundidad. Ingwaz es la semilla plantada, Berkano es la tierra que la recibe y Jera es el crecimiento y la cosecha. Es una runa de planificación a largo plazo y persistencia que ayuda a garantizar el éxito de los planes.

Las piedras asociadas a esta runa son el ágata musgosa, la lepidolita y la piedra lunar.

EIHWAZ *(Tejo)*

Nombre germánico: Ezck (Eihwaz)

Gótico: Eihwas

Nórdico: Elhaz

Anglosajón: Yr (Ēoh)

Noruego: Eo

La runa Eihwaz representa el tejo: el árbol de la vida y de la muerte. Esta runa se compara a menudo con el tarot de la muerte y encierra muchos de sus significados. Eihwaz es una runa de transformación, muerte y el comienzo de algo nuevo. Eihwaz puede representar la inversión de una situación actual, o el comienzo de algo nuevo que surge de las cenizas de viejos hábitos o apegos. Eihwaz está diseñado para mostrar la dualidad que es la vida y la muerte y su conexión inseparable. Eihwaz nos recuerda que no debemos temer a la muerte. No es más que una parte del ciclo de la vida y el renacimiento, y debe ser bienvenida porque anuncia cambios y nuevos comienzos.

Las piedras asociadas a esta runa son la aguamarina, las piedras de oro y la crisocola.

PERTHRO *(Desconocido)*

Nombre germánico: Pertra (Perthro)
Gótica: Pairthra
Nórdico: Perð
Anglosajón: Peordh (Pertra)
Islandés: Perð, (Plástur)
Noruego: (Pertra)

Perthro es una runa de adivinación. Lo desconocido representa nuestro destino y el control que uno tiene sobre su vida. Nuestro destino está ligado a nuestras acciones y a nuestra suerte, y con la adivinación podemos pedir a las Norns que nos den una idea de lo que puede pasar si seguimos nuestro curso actual.

Perthro es la más misteriosa de las runas, ya que trata de los misterios de las demás runas, de la vida misma y de nuestra relación con ellas. El destino, el azar y la acción están innegablemente ligados, creando una red entre nosotros

145

mismos, los dioses y el universo. Esta runa representa en última instancia estos vínculos y puede utilizarse con fines adivinatorios junto con otras runas o por sí sola para pedir favores y perspicacia a los Hilanderos del Destino.

Las piedras asociadas a esta runa son el ónice, la amatista, la labradorita y el zafiro.

ALGIZ (Vida)

Nombre germánico: Algis, Algiz o Elhaz
Gótico: Algs
Nombre anglosajón: Eolh
Nombre en noruego: Elgr

Algiz es la runa de la vida. Está construida de forma que representa tres ramas en lo alto del Pilar del Mundo, simbolizando un árbol que se eleva hacia los cielos. Es una poderosa runa de protección y representa la mayor defensa que existe en las runas futhark, las ramas representan los cuernos de un alce que son capaces tanto de atacar como de defender.

Algiz puede utilizarse como escudo contra ataques espirituales y físicos. Representa el poder del hombre y su destino divino para mantener el orden creado por los dioses en defensa de Asgard y Midgard. También se utiliza en la consagración y el destierro de energías negativas. Es excelente para que lo lleven las brujas cuando realizan rituales peligrosos, ya que protege contra la energía perturbadora. También puede tallarse en un objeto y colocarse en un altar o espacio de conjuro.

Las piedras relacionadas con esta runa son la amatista, la esmeralda, el ágata de fuego, el jaspe amarillo, el cuarzo ahumado, la kunzita, la labradorita y la obsidiana.

SOWILO (Sol)

Germánico: Sugil (Sowilo)
Gótico: Sauil
Nórdico: Sól
Anglosajón: Sigel
Islandés: Sól

Noruego: Sol Old

Danés: Sulu

Alemán antiguo: Sil, Sigo, Sulhil

La runa del Sol y la contrafuerza de Isa, la runa del Hielo. Sowilo es la runa de la acción, el honor, la invencibilidad y el triunfo final. Es la runa del movimiento que otorga la voluntad de actuar. Simboliza los chakras y el rayo, la chispa de la vida. Tiene propiedades tanto de escudo como de combate. Se utiliza para comprender las fuerzas energéticas del mundo y del plano astral. Cuando se utiliza con otras runas, las activa y las potencia. Puede utilizarse en meditación y para potenciar las propias reservas de energía. Sowilo potencia la capacidad de liderazgo y la fuerza del espíritu.

Las piedras asociadas a esta gema son el rubí, la espinela roja, el granate rojo, la rubelita y el diamante.

TIWAZ (Tyr)

Germánico: Tys (Tiwaz)
Gótico: Teiws
Nórdico: Týr
Anglosajón: Tir, Tiw
Islandés: Týr
Noruego: Ty

La runa Tiwaz está asociada a Tyr, el dios celestial de la justicia, y está construida de tal forma que representa una punta de lanza equilibrada que indica movimiento en una dirección única o ascendente. Esta runa también representa el sacrificio, ya que Tyr sacrificó su mano para atar al lobo del caos, Fenrir.

Tiwaz es la runa de la armonía, la justicia y el guerrero. Representa el honor, que es representativo del sacrificio que Tyr hizo para mantener el orden cósmico. Se utiliza para la estabilidad y el control de las energías caóticas. Es buena para la defensa y la venganza, ya que representa la justicia.

Las piedras asociadas a esta runa son hematites, piedra solar, piedra de sangre, ojo de tigre y heliotropo.

BERKANO *(Diosa del abedul)*

Germánico: Bercna (Berkano)
Gótico: Bairkan
Nórdico: Bjarkan
Anglosajón: Beroc
Islandés: Bjarkan
Noruego: Bjarkan

Berkano recibe su nombre del abedul, que representa la regeneración y la juventud. La runa alude a la forma femenina y está construida para representar los pechos y el vientre de una mujer embarazada. Berkano representa el nacimiento y el renacimiento tras la destrucción. Suele asociarse con Ostara, diosa de la primavera y el renacimiento.

Esta runa puede utilizarse en trabajos de fertilidad femenina, magia femenina y crianza. También se utiliza para la ocultación y la protección. Esta runa simboliza las energías femeninas y es una antigua costumbre pagana encerrar a un niño al nacer con las energías protectoras de Berkano, que permanecen con ellos durante toda su vida. Berkano también es una runa excelente para utilizar en la agricultura y la jardinería, por ejemplo, puedes pintar la runa Berkano en una gran roca y colocarla en el centro de tu jardín mientras pides a la diosa que vele por tu cosecha.

Las piedras asociadas a esta runa son el cuarzo rosa, el granate, el ágata y el cuarzo transparente.

EHWAZ (Caballo)

Germánico: Eys (Ehwaz)

Gótica: Aihwa

Nórdico: Ehol, Ior

Anglosajón: Eoh

Islandés: Eykur

Noruego: Eh, Eol

Esta runa representa al caballo y está construida de forma que parecen dos caballos enfrentados, una alusión a los caballos Árvakr y Alsviðr tirando del carro del Sol. También se identifica estrechamente con Cástor y Pólux, los gemelos de Géminis. Ehwaz representa la dualidad de lo masculino y lo femenino y la capacidad de la humanidad de trabajar unida para alcanzar un objetivo común.

Ehwaz puede utilizarse para bendecir nuevas asociaciones y coaliciones, ya sean matrimonios, amistades, proyectos de grupo o la creación de alianzas. Cuando se utiliza con otras runas, Eihwaz une las energías armoniosamente.

Las piedras que se asocian a esta runa son el ágata, la crisoprasa, el citrino, la piedra lunar, la pera y el zafiro blanco.

MANNAZ *(Humanidad)*

Germánico: Manna (Mannaz)

Gótica: Manna

Nórdico: Maðr

Anglosajón: Mann

Islandés: Maður

Noruego: Madr

Mannaz representa el vínculo entre la humanidad y los dioses, nuestra capacidad compartida de mente y memoria que nos lleva a grandes cosas. Mannaz tiene un tipo de torsión en su estructura, que representa cómo los destinos de la humanidad y los dioses están entrelazados y no pueden deshacerse. La forma de la runa es la de dos runas Wunjo enfrentadas, una representa al hombre y la otra a los dioses.

La runa Mannaz se usa a menudo en magia profética y puede utilizarse para comunicarse con los dioses y honrarlos. Es una runa del destino, la suerte y el potencial, y puede utilizarse para alcanzar la sabiduría y comprender mejor nuestro lugar en el universo dentro del gran orden de las cosas.

Las piedras que se asocian a esta runa son el zafiro, la celestita, el ágata, la piedra lunar y el ojo de tigre.

Laguz *(Agua)*

Germánico: Laaz (Laguz)

Gótico: Lagus

Nórdico: Lögr

Anglosajón: Lagu

Islandés: Lögur

Noruego: Laukr

Laguz es una runa que simboliza el agua que fluye hacia abajo y está llena de energía. También representa el concepto de cantidad frente al de calidad. La pendiente descendente de la runa representa el agua que fluye cuesta abajo. Laguz también representa la energía caótica desenfrenada y las fuerzas erosivas de la naturaleza. Es una runa del devenir, del progreso y de las fuerzas colectivas.

Laguz es una gran runa para incorporar a cualquier ritual que conceda resistencia y fuerza de voluntad, especialmente los rituales que ayudan a fijar y alcanzar objetivos.

Las piedras asociadas a esta runa son lapislázuli, azurita, amatista, aguamarina y zafiro.

INGWAZ *(Semilla)*

Nórdico: Ing, Ingvarr

Gótico: Iggws

Germánico: Enguz (Ingwaz)

Anglosajón: Ing

Islandés: Ing

Noruego: Ing

Ingwaz es la runa del aislamiento, utilizada para preparar un espacio para que comience un nuevo crecimiento. Es la runa de la gestación y del crecimiento interno. Representa la antigua imagen de Dios, Ing, y es la runa de la fertilidad masculina. La acción creativa, la energía almacenada y el poder de la meditación son todos buenos ejemplos de Ing, es una runa de acción y de todo lo necesario para realizar esa acción. La idea del sacrificio es un componente esencial de Ingwaz: para que surja algo nuevo debe haber algo que se deja ir - debe producirse un cambio interno o externo, esto puede manifestarse en forma de tiempo perdido mientras aprendes una nueva habilidad o estudias para un examen o puede significar que para que crezcas tienes que separarte de una persona o grupo de personas.

Una de las principales razones por las que un hechizo o ritual puede fallar es la incapacidad del practicante de hacer los sacrificios necesarios para lograr sus objetivos e Ingwaz puede ayudarnos a entender cuáles podrían ser. Utilice esta runa como parte de un ritual de meditación antes de la fundición para comprender mejor lo que se necesita de usted para que su manifestación tenga éxito. Otra gran manera de utilizar esta runa es con el propósito de separar tu mente de la distracción para centrarte en la tarea que tienes entre manos.

Las piedras asociadas a esta runa son el circón, la peridoto, la prehnita y la tanzanita.

DAGAZ *(Amanecer)*

Germánico: Daaz (Dagaz)
Gótico: Dags
Nórdico: Dagr
Anglosajón: Daeg
Islandés: Dagur
Noruego: Dagr

Contrapartida de la runa Jera, Dagaz representa el ciclo diario del mismo modo que Jera representa el ciclo anual. Ambas son runas del cambio. Dagaz es la runa del despertar espiritual y es un símbolo de luz. La construcción de la runa es la de un símbolo de infinito o un reloj de arena volcado, que representa la atemporalidad y el potencial ilimitado.

Esta runa se utiliza para alcanzar la inspiración y la iluminación. Medita con esta runa para descubrir las respuestas a los problemas o bloqueos a los que te has enfrentado. Como su nombre indica, Dagaz puede arrojar luz sobre una situación ambigua y puede ser útil en cualquier ritual que implique respuestas y comprensión.

157

Las piedras asociadas a esta runa son el lapislázuli, la piedra lunar, la piedra solar, el rubí y el jade.

OTHALA *(Patria)*

Germánico: Utal (Othala)
Gótico: Othal
Nórdico: Oðal
Anglosajón: Otael (Ethel)
Islandés: Óðal
Noruego: Ödal

Othala rige cualquier asunto relacionado con la ascendencia, la herencia, la familia y el patrimonio. Al igual que Fehu, es una runa de riqueza y propiedad, pero mientras que Fehu representa los inicios de la riqueza y su transformación con el paso del tiempo, Othala representa la riqueza inamovible que ha generado tu línea ancestral para transmitirla a las nuevas generaciones.

Othala puede utilizarse para celebrar la vida de nuestros antepasados, alabar sus logros y bendecir los legados que dejaron para ayudarnos a continuar con sus nombres.

Las piedras asociadas a esta runa son el cidro, el jade verde, el ojo de tigre y el cuarzo rosa.

Notas

Para terminar

Espero que hayas disfrutado de mi *Libro de las Sombras*. El mundo de la magia es vasto y hay una riqueza aparentemente ilimitada de información sobre innumerables temas, así que deja que este libro sea un peldaño en tu propio camino espiritual. Si te ha gustado este libro echa un vistazo a mi libro de brujería para principiantes *The Craft, está* lleno de información sobre la historia y las prácticas actuales de la brujería moderna.

Si tienes un momento, ¡deja una reseña del libro en Amazon! Yo auto-publico todos mis libros y realmente ayuda ya que no tengo un editor que anuncie mi contenido. ¡Gracias por leer mi libro y bendito sea!

¡Feliz encuentro!
¡Y feliz parte!
-Brittany Nightshade

Descargo de responsabilidad: Tome siempre precauciones de seguridad al realizar cualquier ritual. Tenga cuidado si utiliza estufas o cualquier fuente de calor y asegúrese siempre de tener una ventilación adecuada. Esta información es educativa y religiosa, no debe ser tomada como consejo médico profesional, siempre consulte con un profesional médico en primer lugar. Utilice este libro bajo su propia responsabilidad: No me hago responsable de las consecuencias no deseadas. Nunca ingieras nada a menos que estés completamente seguro de que es seguro y de que no eres alérgico. Ten siempre cuidado con el riesgo potencial de imponer tu voluntad a los demás, ya que puede haber consecuencias imprevistas. No cometas ningún delito, como allanamiento de morada, cuando realices tus rituales: ¡No tengo un hechizo para sacarte de la cárcel!

Con mucho amor,

Brittany

Si te ha gustado el libro, por favor considera darme una reseña en Amazon y seguirme en Instagram y Facebook:

facebook.com/xobrittanynightshade

@Nightshade_Apothecary

Made in United States
Troutdale, OR
04/07/2024

19023268R00096